20世纪西方文化三大发现系列之一

# 帕金森定律

陈立之◎著

## PARKINSON'S LAW

台海出版社

图书在版编目（CIP）数据

帕金森定律 / 陈立之著. -- 北京 : 台海出版社,
2019.1

ISBN 978-7-5168-2194-7

Ⅰ.①帕… Ⅱ.①陈… Ⅲ.①企业管理 – 通俗读物

Ⅳ.①F272-49

中国版本图书馆CIP数据核字(2018)第281755号

## 帕金森定律

| | | |
|---|---|---|
| 著　者：陈立之 | | |
| 责任编辑：戴　晨 | 装帧设计：李爱雪 | |
| 版式设计：叶　淋 | 责任印制：蔡　旭 | |

出版发行：台海出版社

地　址：北京市东城区景山东街20号　　邮政编码：100009

电　话：010 – 64041652（发行，邮购）

传　真：010 – 84045799（总编室）

网　址：www.taimeng.org.cn/thcbs/default.htm

E-mail：thcbs@126.com

经　销：全国各地新华书店

印　刷：北京柯蓝博泰印务有限公司

本书如有破损、缺页、装订错误，请与本社联系调换

| | | |
|---|---|---|
| 开　本：880mm×1230mm | 1/32 | |
| 字　数：150千字 | 印　张：6.5 | |
| 版　次：2019年1月第1版 | 印　次：2019年1月第1次印刷 | |
| 书　号：ISBN 978-7-5168-2194-7 | | |

定　价：32.00元

## 20世纪西方文化三大发现

20世纪是一个经济飞速发展、科技不断进步、思想文化跃升的时代，人类在各个领域获得了前所未有的突破性进展，探索范围之广袤，发现真相之幽微，发明成果之丰盛，远非以前任何一个时代所能比拟。

那么，在文化领域中能够称得上世纪性的大发现是什么呢？是深埋于地下的远古文明的重见天日？是始终难见"庐山真面具"的外星人在地球上留下的神秘印迹？是突然间跳出来的某门高深莫测、天马行空、玄而又玄的奇谈玄学？

答案出乎你想象！它们既不是什么远古文明，也不是外星文明，更不是什么神奇玄学，而是几个"貌不惊人"、看似平常不过却又威力巨大的定律、原理。

它们就是墨菲定律、帕金森定律和彼得原理，三者并称为"20世纪西方文化三大发现"。

墨菲定律指出：会出错的，终将会出错。墨菲定律触及了

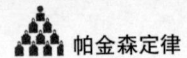
每个人人性深处存在的隐痛，第一次将人们不愿意面对的事实曝光于大众之下。它忠告人们：面对人类的自身缺陷，我们最好还是想得更周到、全面一些，采取多种预防和保险措施，防止偶然发生的人为失误导致的灾难和损失。归根到底，"错误"与我们一样，都是这个世界的一部分，狂妄自大只会使我们自讨苦吃，畏惧失误让我们无法突破自我、获得新生，我们必须学会如何接受错误，并不断从中学习成功的经验。

帕金森定律告诉我们这样一个道理：不称职的行政官员一旦占据领导岗位，庞杂的机构和过多的冗员便不可避免，庸人占据着高位的现象也不可避免，整个行政管理系统就会形成恶性膨胀，陷入难以自拔的泥潭。帕金森定律是对官僚机构流弊的辛辣针砭，在人类历史上，它对由于行政权力扩张引发人浮于事、效率低下的"官场传染病"作了第一次大胆的、无情的揭露和抨击。帕金森定律是官僚主义或官僚主义现象的一种别称，常常被人们转载传诵，用来解释形形色色的"官场病"。

彼得原理揭示了长久以来存在于组织中被人们所漠视的人员任用的陷阱，发掘出了组织中管理混乱、"庸人当道"、人浮于事的深层根源。彼得原理警示我们：将一名员工晋升到一个无法很好发挥才能的岗位，不仅不是对本人的奖励，反而使其无法很好发挥才能，也给组织带来损失。彼得对彼得原理的诠释，成为20世纪以来最具洞察力的社会、心理领域的创见。

墨菲定律、帕金森定律和彼得原理的发现和提出，在人类历史上具有开创性的意义，是人类文化史上的三座突兀醒目的里程碑。它们或是揭示了人们思想认识上的盲区，为人们战胜自己、战胜挫败指明了路径，或是点破了东西方各界、各行、各级行政组织和企业治理中沿袭已久、根深蒂固的效率低下的弊病，为组织医治人事顽症、革新工作局面开出了秘方。如今，三大定律经过人们的发扬光大，正越来越显示着其强大的效力，成千上万的人们借助它们改变了自己的命运，不可胜计的组织和公司应用它们走出了困境、焕发了活力，呈现欣欣向荣的辉煌景象。

三大定律是发现者们献给20世纪的三份厚礼，对于当时和现下都具有重要的警示、借鉴和指导意义。重新认识和了解这三大定律不仅是时代的需要，也是个人走向成功的必修课。鉴于此，我们组织专门人员广采博集、详尽考证、精心撰写，同时结合现实和时代发展趋势，将每个定律编撰成书，系统、全面解读了每一定律及与其息息相关的其他定律的内涵、现实指导意义及运用方法。本套丛书内容丰富，解读精辟，观点新颖，是读懂三大定律的理想读本。

此次我们将这三大定律合集，冠名"20世纪西方文化三大发现系列"出版，期望能给广大读者认识、了解、掌握、应用它们提供一把方便入门的钥匙，由此登堂入室，领悟三大定律的真谛，从而有所体会，有所收获，借此澄清思想和认识上的误区，突破生活、人际、学习、工作、事业等方面的困境，为人生注入新鲜的血液和强劲的动力，开创崭新广阔的人生新格局！

## 走出机构臃肿、人浮于事的怪圈

英国著名历史学家诺斯古德·帕金森在任职英国政府期间，通过对1914—1928年英国海军部的对比后发现了一个奇怪的现象：在14年的时间里，英国海军舰艇数目缩减了三分之二，海军兵员由14.6万人减到10万人，然而海军部的官员却由2000人增加到3569人，暴增了78%。兵少了、船少了，意味着工作也少了，可官员的数目却大幅增长。同样的事情也发生在英国殖民地部。

帕金森对此感慨颇深，他通过进一步的调查研究和深入分析，写了一本名叫《帕金森定律》的书。他在书中阐述了机构人员膨胀的原因及后果：一个不称职的官员，可能有三条出路——

第一是申请退职，把位子让给能干的人。

第二是让一位能干的人来协助自己工作。

第三是任用两个水平比自己更低的人当助手。

这第一条路是万万走不得的，因为那样会丧失许多权力；第二条路也不能走，因为那个能干的人会成为自己的对手；看来只有第三条路最适宜。于是，两个平庸的助手分担了他的工

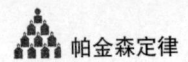

作，他自己则高高在上发号施令。两个助手既无能，也就上行下效，再为自己找两个无能的助手。如此类推，就形成了一个机构臃肿、人浮于事、相互扯皮、效率低下的领导体系。

为了便于人们对帕金森定律的理解，帕金森用一个公式来加以阐释：

$$X=[100(2KM+L)/yn] \times 100\%$$

其中K表示一个要求派助手从而达到个人目的人。从这个人被任命一直到他退休，这期间的年龄差别用L来表示。M是部门内部行文通气而耗费的劳动时数。N是被管理的单位。用这个公式求出的X就是每年需要补充的新职工人数。数学家们当然懂得，要找出百分比只要用X乘100，再除以去年的总数Y就可以了。不论工作量有无变化，用这个公式求出来的得数总是处在5.17%~6.56%之间。

这样自上而下，一级比一级庸人多，产生一种恶性的组织模式：每个人都招募无能的下属，避免有才智者变成对手；大量无能员工之间，会形成很多牵制关系，结果都在为对方制造工作，人浮于事、效率低下；嫉妒症流行，高级主管辛苦而迟钝，拒绝提升能力强的人，中层干部钩心斗角、拉帮结派，底层人员垂头丧气而不务正业。

帕金森定律深刻地揭示了行政权力扩张引发的人浮于事、效率低下的"官场传染病"现象。这一现象不仅在官场中出现，在很多企业和组织中都能看到。在帕金森看来，无论是政府官员还是公司职员，几乎所有人都陷入了"帕金森定律"的陷阱。

帕金森定律所揭示的官僚主义是一种社会历史现象，任何一个清醒的健全的组织机构中，本来不会有官僚主义存在的合法条件。遗憾的是，官僚主义不仅顽强地存在和生存下来，而且以其不断变化的面貌，适应着社会政治、经济、文化发展的脉络。这或许是历史的调侃，或许是文明的变异。

本书通过一系列生动直观的现象描述和心理剖析，层层揭开帕金森定律的内核，揭示了帕金森定律发生作用的内在条件和根源所在，剥开为患广泛的官僚主义的硬壳，展示其华丽外表掩盖下的内幕真相，同时引发人们深层次的思考。对帕金森定律的各种变体、衍生定律以及与帕金森定律有内在联系的其他重要定律、法则，本书也一并予以收录并进行详尽细腻的解析和点评。全书脉络清晰、论述严谨、观点犀利，极具现实警示和指导意义，为广大读者认识、了解、研究帕金森定律打开了一扇便捷的大门。

本书为在职位上迷茫烦恼的普通员工开出了获得快乐的处方，为高层领导者提供了知人善任、用好人才、突破管理瓶颈、大幅提升效率的方法和途径。

帕金森定律是一面镜子，照出了组织和公司治理中的阴影和不足。帕金森定律是一记警钟，警示领导者们用好手中的权力，广开用人渠道。走出帕金森定律的阴影，打破机构臃肿、人浮于事的怪圈，让组织和公司焕发蓬勃的生机和活力，永立于不败之地！

# 目 录

Contents

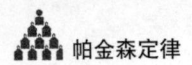

# 第1章

## 帕金森定律：官员制造官员，庸人制造庸人

帕金森定律源于英国历史学家帕金森所著《帕金森定律》一书的标题，是官僚主义或官僚主义现象的一种别称。其主要内容是说一个不称职的官员，可能有三条出路：一是把位子让给能干的人；二是找一位能干的人协助自己工作；三是聘用两个水平比自己更低的人当助手。领导者往往都会选第三条路。

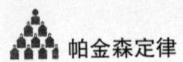
# 官场传染病——组织机构的四大顽症

在《帕金森定律》一书中，帕金森总结了组织机构的四大可怕顽症：

### 1. 工作越少，下属越多

拿军营来说，如需要一个人判断航空照片，长官往往命令一个二等兵去担任这份工作。两天后，他开始抱怨了，说照片是那么多，他需要两名助手协助；而且为了对助手有指挥权，他自己应该升为一等兵。他的长官非常体谅人，答应了他的要求。之后不久，他的下属因势利导也需要助手。于是，在三年内，他拥有了一个85人的小组，而且自己也步步高升，成为中校。然而，他自己从来就没有判断过一张航空照片，因为他忙于搞行政事务去了。

### 2. 谈机色变，拱手求退

如果你要机构里的老上司让位，或使你心中的对手识趣点，较文明的方法是为他安排不间断的远方会议，使他不断地坐飞机旅行。本地时间清晨一时登机，当地时间午夜十二时半下机，并且让他填那永远填不完的出入境表格。当他东奔西跑，疲于奔命，视坐飞机为畏途，等他谈机色变时，自然会拱手让贤，求饶引退。至于那些想跟你竞争的仁兄，在看到这种折磨时，心惊胆战，自动投降。于是大门为你而开，尽可以大摇大摆地登堂入室，然后想如何防止他人对你如法炮制的妙计。

### 3. 姗姗来迟，匆匆离去

鸡尾酒会是现代任何会议所不能缺少的一个活动。帕金森定律告诉你如何识辨酒会上的重要人物。这些人总是在他们认为对自己最有利的时间才姗姗入场。他们不愿意在人不多的时候入场，也不愿意在其他要人离开后入场。此外，在一个酒会上，要人们会不约而同地走到某一个部位集合，主要的目的是让大家看到自己也出席。这个目的达到后，这些要人都争先恐后地溜之大吉。

### 4. 三流上司，四流下属

在任何一个地方，我们会发现这样的一种机构：高层人员感到无聊乏味，中层人员只是忙于钩心斗角，低层人员则觉得灰心丧气和没有动力。他们都懒得主动办事，所以毫无绩效可言。在仔细考虑这种可悲的情景后，他们在潜意识里抱着"永远保持第三流"的座右铭。

例如："我们太过努力是错误的，我们不能与高层比；我们在基层做有意义的工作，配合国家的需要，我们应该问心无愧。"或者："我们不自吹是第一流的。有些人真是无聊，喜欢争强好胜，喜欢自夸他们的工作表现，好像他们是领导一样。"

这些看法说明了什么呢？他们在潜意识里只求低水准，甚至更低的水准也未尝不可。第二流主管发给第三流职员的指示，只要求最低的目标。他们不要求较高的水准，因为一个有效的组织不是这种主管的能力所能控制的。如此一来，他们构建了一个三流上司、四流下属的组织。

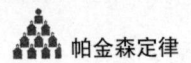

# 官场怪现象——"鲜花"插在"牛粪"上

帕金森定律告诉我们这样一个道理：不称职的行政首长一旦占据领导岗位，庞杂的机构和过多的冗员便不可避免，庸人占据着高位的现象也不可避免，整个行政管理系统就会形成恶性膨胀，陷入难以自拔的泥潭。

这样就会在官场中形成类似的"鲜花"插在"牛粪"上的现象，"鲜花"就好比是那些公司中的领导职位，"牛粪"就是那些公司中平庸的领导者，而这种"鲜花"插在"牛粪"上的危害是极其大的。

例如：有一个水利局实行银行代发工资两个月后，职工们竟发现多出了34张"嘴"，有34名非水利局职工，却拥有水利局职工的工资账户。后经查实，这多出的34张"嘴"都是水利局干部的亲属，其中21人是水利局副科级以上干部的子女亲属。这其中有含饴弄孙的老人，目不识丁的农妇，甚至还有9名是正在学习的大中专学生。

某县曾经是以"苦甲天下"而闻名的，但就是在那里，这种帕金森现象十分常见，在那里部分干部违法乱纪，有能力的人才得不到重用，而那些能力平庸的人又大量超编进入行政机构，致使这个贫困县吃"皇粮"的人数畸形膨胀。冗员吃空了财政预算、补贴，就连专项资金也被挪用……

这种"贫困的腐败"，引发了一连串的咄咄怪事——在这个仅有33万人口的贫困县里，吃"皇粮"者高达1.1万人，全县超编人员高达2800多人。让人匪夷所思的是，在这支超编大军中，有大批"拿着俸禄不上朝"的"挂职干部"，轮流上班的"轮岗干部"，

10来岁的"娃娃干部"，四五岁的"学龄前儿童干部"。

机构、人员过多过滥而造成的效率低下，几乎成了一些地方的通病，而少数"懒和尚"当住持而产生的"食客者众"，更成了这些部门的"痼疾"。

帕金森定律并非是老调重弹，缺乏新意，这个定律把我们一些行政机关用人现状刻画得入木三分。一些心术不正的领导，以权谋私，"举贤不避亲"，竟把那些缺乏基本业务素质的亲属故旧，或欺上瞒下，或弄虚作假，或交换提携弄到自己所任职把掌的部门。于是，"七姑八舅"一个个执掌了"帅印"，亲属嫡系一个个占据着要害岗位，而一个个有能力的干才，或因有些"野心"，或因有些真本领"气焰"有点"嚣张"，而受到轻用、不用，甚至倍受压制，其结果，干的不如看的，看的不如捣蛋的。一个私欲膨胀的行政首长，为一个个低能儿开启了大门，却把一批批有为之人拒之门外，于是平庸战胜了才俊，"牛粪"得到了"鲜花"。

# 权力的危机感——帕金森现象的根源

帕金森在他的书中指出，帕金森定律要发生作用，必须同时满足下面四个缺一不可的条件：

第一，必须要有一个组织，这个组织必须有其内部运作的活动方式，其中管理要在这个组织中占有一定的地位。这样的组织很多，大的来讲，各种行政部门，帕金森曾在书中举出英国海军编制

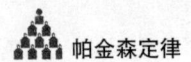

的例子；小的来讲，只有一个老板和一个雇员的小公司，都存在着管理的组织。

第二，寻找助手以达到自己目的的不称职的领导者本身不具有对权力的垄断性。这就是说权力对这个领导者而言，可能会因为做错某件事情或者其他人事的原因而轻易丧失。这个条件是不可少的，否则就不能解释何以要找两个不如自己的人做助手而不选择一个比自己强的人，这样也就不会产生"鲜花"插在"牛粪"上的现象。

第三，这个领导者能力极其平庸，他在组织中的角色扮演不称职，如果称职就不必寻找助手，否则就不能解释他何以要找几个助手来协助。

第四，这个组织一定是一个不断自我要求完善的组织，正因为如此，才能不断地吸收新人来补充管理队伍，也才能符合帕金森关于人员编制增长的公式。

可见，帕金森定律必须在一个拥有管理职能、不断追求完善的组织中，担负着和自身能力不相匹配的平庸的管理角色，且不具备权力垄断的人群中才起作用。那么反弹琵琶，一个没有管理职能的组织，比如网络虚拟学术组织，兴趣小组之类，不存在帕金森定律阐释的可怕顽症。一个不思进取、抱守陈规的组织，不必要引进新人，自然也没有帕金森定律的困扰。一个拥有绝对权力的人，他不害怕别人攫取权力，也不会去找比他平庸的人做助手。一个能够承担他的管理角色的人，没有必要找一个助手，也不存在帕金森定律的情况。

通过上述条件的分析，可以清晰地看到：权力的危机感，是产生帕金森现象的根源。

恩格斯曾经说过："自从阶级社会产生以来，人的恶劣的情欲、贪欲和权势欲就成为历史发展的杠杆。"人作为社会性和动物性的复合体，因利而为，是很正常的行为。假设他的既有利益受到威胁，那么本能会告诉他，一定不能丧失这个既得利益，这也正是帕金森定律起作用的内因。一个既得权力的拥有者，假如存在着权力危机，不会轻易让渡自己的权力，也不会轻易给自己树立一个对手。在不害人为标准的良心监督下，会选择两个不如自己的人作为助手，这种行为是自然而然的，无可谴责。

# 三流的上司领导四流的下属

了解了帕金森现象的根源，你对死气沉沉的行政机构就见怪不怪了，但一个机构究竟是如何变得这么死气沉沉的呢。在大多数垂死的机构里，它们最后的瘫痪麻木都是长期蓄意诱导和纵容的结果。

一开始，假如某个机构里有一个高度无能与善妒的官员，他在原来的部门没有取得什么成就，却经常想着如何干涉其他部门的事务，以便控制"中央行政"。于是，他会千方百计地排斥所有比自己能干的人，也会设法阻止任何比他能干的人获得提升。他不敢说甲君太能干，所以他说："甲吗？也许聪明，不过他稳重吗？我比较赞成提升乙。"他不敢说甲君使他觉得自己很渺小，所以他说："我觉得丙君有较好的判断力。"于是，丙获得提升，而甲则调往他处。最后，整个"中央行政"逐渐填满了比主席、董事或经理更

愚蠢的职员。

如果机构的主席是个二流货色，他会确保他的下属是三流货色，以此类推，较低的职员就是四流的货色。不久将出现愚蠢自负者之间的真正竞争，人们争先装得自己比谁都更无能，整个机构从上到下，全无智慧之光。到这个阶段时，这个机构实际上已经死亡。

那么，我们又如何判断一个三流上司、四流下属的组织呢？

"思想交流和人员的调换是件好事——可惜从顶峰层来我们这儿的几个人却令人非常失望，我们只能得到被其他部门踢出来的蠢材。"

"哎呀，我们不该抱怨，我们要避免发生摩擦。无论如何，以我们微小的能力，可以尽力做好事情。"

如果经常听到这些话，你就可以确定这是一个什么样的组织了，"永远保持第三流"的座右铭，以金字刻在他们的大门入口处，三流水准已经成为所有工作的指导原则。

但是，他们仍然知道有较高水准的存在，所以一旦升到顶峰层时，他们还是会感到内疚。可是这种内疚为期不久，他们就会重新调整自己、安慰自己。于是，他们又开始踌躇满志、沾沾自喜，他们把所定的目标进一步放低，以至所有的目标都能达到——靶子立在十码处，所以命中率极高。董事们已经做好他们应做的事，感觉自己很成功，事实上，他们所取得的成就只不过是费了吹灰之力。结果他们越来越自满，并且洋洋得意地说：

"我们的主管是一个明智的人，他从来不多说话——那是他的性格，他也很少犯错误。"

"在这里，我们不太相信什么才华，那些聪明人多么令人讨厌，他们扰乱既定的惯例，提出我们从来没有试过的各种各样的新计划，而我们只要拥有简单的常识和合作的精神，就可以取得辉煌的成就。"

事情进一步发展，组织也进一步恶化，高级人员不再通过与其他机构的比较来夸耀自己的效率。他们已无视其他机构的存在，不再光顾餐厅的食物，而宁愿带三明治上班。于是，办公桌上布满面包碎屑，布告栏上仍挂着四年前举行的文娱晚会的通告；布朗先生的办公室外挂着史密斯先生的姓名，而史密斯先生的门上注明是罗敏申先生的办公室；破碎的窗户以交叉形的木板钉住，电灯开关给接触的人一阵惊险的触电；天花板白灰剥落，如雪片般地洒在地下；电梯久已失灵，洗手间里的水龙头永远关不紧；破裂的天窗上雨水倾盆而下，地下层传来阵阵饿猫的悲号声……

## 解开帕金森定律症结的三把钥匙

帕金森在书中举过这样一个例子：

假设有一个私营企业主，公司的产权全部属于企业主所有。随着企业规模的不断扩大，企业主在管理上感到力不从心了，他需要有人来协助他。于是企业主在各种媒体上刊登了征聘广告，应征的人络绎不绝。假设其中有一个非常优秀的人才，这个私营企业主会不会聘任他呢？

这个老板可能会想：公司的土地是我的，所有产权都是我的，

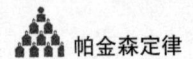

这就意味着这个人来我这里是"无产阶级"，他纯粹是为我打工，干得好我可以继续留他，给他很高的待遇，干得不好我可以辞退他，无论他如何出色和卖力地工作，他都不可能坐我的位置，老板永远是我。

一番盘算以后，这个高智商、高素质、高能力的人才就被留下来，老板对之大胆使用，可以说是完全不受帕金森定律的影响。这是一个拥有绝对权力的人的做法。

接着，这个企业继续发展，业务范围扩大了，新的问题层出不穷，当初的优秀人才现在也有些力不从心，也需要助手协助他。于是他也在各种媒体上刊登征聘广告，同样会有各种人才络绎不绝地涌来。

假设最后要在两个人中选择：一个是某名牌大学的公共管理专业刚刚毕业的研究生，写了很多的文章，理论功底极为深厚，实践经验却非常匮乏；另一个人则颇有实干家的手腕和魄力，拥有先进的管理观念和操作经验。老板拿不定主意，叫他选择，这时候他就盘算开了，最后的结果是，他多半会选择那个刚出校门的研究生——因为这让他感到安全。

由此可见，要想解决帕金森定律的症结，就必须营造一个公平、公正、公开的用人机制，不受人为因素的干扰，不要将用人权放在一个被招聘者的直接上司手里。同时，实现这一用人机制，需要做到三条原则：

一是公平竞争，任人唯贤。

二是职适其能，人尽其才。

三是合理流动，动态管理。

# 公心用人，打开人才任用的通道

帕金森定律与武大郎式的用人政策很是相像，如出一辙：比自己个高的人一概不用。长此以往，必将导致恶性循环：平庸的人启用比自己更平庸的人，更平庸的人再启用比自己更平庸的人，一如黄鼠狼下耗子一窝不如一窝。

历览古今兴衰事，成败得失的关键在于用人。一个单位、一个地方乃至一个国家，兴衰与否，用人是关键。作为一个领导者，不仅要独具慧眼，学会相马，学会赛马，而且还要有用人之胆、容人之量，要敢于启用比自己强的人。只有这样，才有利于人才的脱颖而出，也唯有如此，才能实现用人上的良性循环，走出帕金森定律的怪圈。

在用人上，中国西周的两位名臣姜子牙和儒家推崇备至的周公，他们曾经做过一番讨论。受封齐国的姜子牙主张的是尊贤尚功，也就是能力第一；受封鲁国的周公则主张以亲亲尚恩为主，也就是亲信为第一。执行能力第一用人政策的齐国，最终如周公所预言的虽然国力强大，但不是老姜家的了（姜氏齐国后被田氏齐国取代）。执行亲信第一用人政策的鲁国也如姜子牙所预言的，虽然一直到战国后期都是老姬家的（鲁国是姬姓宗邦），但是国力衰弱，国君软弱无能。

让我们再来看看林肯的用人之道。

1861年，美国南北战争爆发以后，林肯曾先后任用了三四位将领，当时他按照传统的所谓完人的标准，要求所有将领必须没有缺点。然而，出乎他的意料，北军的每一位无缺点的将领皆被南军

打败。

后来，林肯总结了教训，撤换了一些将领，宣布任命格兰特为总司令，他手下的人十分担心，私下劝他说："格兰特嗜酒贪杯，难当大任。"然而，林肯已从以前用将的失误中认识到选拔将领不能只求无缺点，应该把有独特军事才能作为选拔将领的依据。格兰特虽然在生活上有嗜酒的缺点，但他有超高的军事指挥才能，后者是他的主要方面。于是，他回答："如果我知道他喝什么酒，我倒想送他几桶。"

历史事实证明，起用格兰特为帅，对击败南军、废除奴隶制、平定内乱起了重要作用。林肯的用人决策可说是抓住了事物的主流和本质。对于格兰特，林肯深知他的优点和缺点。在当时的情况下，格兰特出色的军事才能是十分难得的，是大局所急需的，虽然嗜酒贪杯是一种恶习，但这只是次要方面，完全可以经规劝而不至误事。林肯扬长避短，知人善任，促进了南北战争的最后胜利。

关于如何用人，诸葛亮在其《心书》一文中提出了七条途径：

其一，问之以是非而观其志，即从其对是非的判断来考察其将来的志向，看看是否胸有大志。

其二，穷之以辞辩而观其变，即提出尖锐的问题对其诘难，看其观点有什么变化，能否随机应变。

其三，咨之以计谋而观其识，即就某方面的问题咨询其看法和对策，看其知识经验如何，具不具备分析问题和解决问题的能力。

其四，告之以祸难而观其勇，即观察其在困难面前的表现，看其有没有知难而进的勇气和处事不惊的良好心理素质。

其五，醉之以酒而观其性，即以美酒款待，看其个人品德如何，是否两面三刀，阳奉阴违。

其六，临之以利而观其廉，即观察其在金钱财富面前的表现，看其是否能经得住物质利益的诱惑，是否能保持良好的心态。

其七，期之以事而观其信，即托付其办事以视其信用如何，是一诺千金，还是信口开河。

诸葛亮的这些观点很有现实意义。我们应该借鉴古人的经验，拓宽知人用人的思路。

李嘉诚是香港商界呼风唤雨的富豪，在总结用人心得时，李嘉诚曾形象地说："大部分的人都会有部分长处和部分短处，好像大象食量以斗计，蚂蚁一小勺便足够。各尽所能、各得所需，以量材而用为原则；又像一部机器，假如主要的机件需要用五百匹马力去发动，虽然半匹马力与五百匹相比是小得多，但也能发挥其一部分作用。"

李嘉诚这一番话极为透彻地点出了用人之道的关键所在。

作为领导，并不一定要比所有的部属更有才干，关键是要看能不能将各有所长的一群人组织在一起，共同为实现组织的目标去努力。领导用人只有出以公心，是非分明，量才录用，才能实施正确的领导，才算把握了领导工作的基本要领。在当今激烈竞争的时代，各个领域、各条战线、各个行业、各个单位间的竞争非常激烈。单位的生存和发展，领导者事业的成功与失败，说到底还是用人。因此，不论一个单位，还是一个企业，领导者只有尊重人才，善用人才，才能立于不败之地。

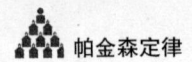 

# 选好得力助手，开拓事业版图

帕金森定律启示我们，领导者要选对人，否则会出现一系列问题。

领导者需要开疆拓土，不断壮大发展自己的事业。当事业愈来愈大时，领导者不可能事必躬亲，当然也不应事必躬亲，不可能样样亲自去管。领导者这时需要委托自己信得过的人来协助或代为处理。然而，怎样的人才靠得住呢？

这里的靠得住包含两个内容：一是他是否胜任，是否有能力承担这项任务，是否有能力代为领导者处理这样的事；二是这个人品德是否有保障，是否对领导者忠诚，是否愿意为领导者出力，为领导者排忧解难。

这里涉及对人才选择的标准，领导者在选择助手时可参照以下这些方法：

### 1. 参与决策有效执行法

领导选择助手时，首先必须明确所选拔的助手不仅仅是自己的助手，而主要是决策集体中的一员，他们必须明确每一决策的背景及前景，积极参与决策。实践证明，助手参与决策程度越高，其责任心越强；执行越自觉，行为越规范，效率越高。任何只将助手当作自己的传话筒，或要求助手只能顺从自己而见不得有异议的领导，势必要失败的。

### 2. 发挥优势法

每个人都有各自的优势和劣势、长处和短处，因此领导要善于发现下属的特长，然后根据自己的目标择优选取助手。

### 3. 才职相称法

被选人才的素质、才能一定要与所任职务的职权、职责、任务相称。

### 4. 决策权可转移法

领导所选助手，一定要具备这样的素质，即：领导因故离职、离单位时，能担负起对随时可能到来的或发生的重大问题的决策能力和相应的组织能力。

### 5. 主动结构法

领导在选配助手时，一定要考虑所选人才与自己能否形成合理的主动结构。

### 6. 员工接受法

领导所选人才，一定要考查本部门大多数员工对该人才的接受程度，否则，会产生不良后果。

# 避免落入"人越多效率越低"的僵局

企业和组织怎样才能避免落入"人越多效率越低"的帕金森定律的僵局呢?

### 1. 要量化人数与工作量的关系

只要你想做事，那就有做不完的事情来填满时间。这是大家公认的事情，帕金森举了一个例子:

一位闲来无事的老太太为了给远方的外甥女寄张明信片，可

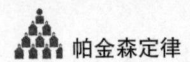
以足足花上一整天的工夫：找明信片要一个钟头，寻眼镜又一个钟头，查地址半个钟头，做文章一个钟头零一刻钟，然后，考虑去邻街的邮筒投递明信片要不要带把雨伞，又花掉了二十分钟……就这样，一个忙人总共三分钟就可以办完的事，老太太却要犹豫、焦虑和操劳整整一天。假如完成工作所需的时间，有如此之大的弹性，那就可以说明工作量和做这份工作的人数之间并不合适。

这其中计算的难点，在于人力工作的量化，只要知道自己的人力工作量化数据，就能很直观的判断企业人数是多是少，分清企业是业务规模扩大的人员扩张，还是机构膨胀。这方面我们的工时日志做了有一定成效的探索。

### 2. 组织尽量扁平化

一个没有管理职能的组织，比如网络虚拟学术组织，兴趣小组之类，不存在帕金森定律阐释的可怕顽症。一个扁平化少层级的组织，管理变得简单，也可以抑制帕金森定律的出现。当人员都组织在业务上的时候，同一层级的比较容易发现低效率的闲人。

### 3. 建立领导梯队培养机制

组织内部要建立领导梯队培养或储备制度。对于每一级的领导者进行培训，对于一定级别的领导者，在其工作绩效考核中要有下属员工的培养指标。领导者必须要有向组织输送管理人才的指标，要有发现人才、培养人才的任务。这样，则可以防止领导者只任用能力比自己低的人。

### 4. 运营要透明化

建立透明化的招聘机制，不能够让被招聘员工的直接上级来全权招聘。透明化意味着普通员工知情，高级别的领导者决断，这样就避免了用人者出于私人目的而任用能力低下的员工。

不养闲人，表面是领导问题，里子还是制度问题。

# 大刀阔斧改革，向官场传染病开战

帕金森定律深刻地揭示了行政权力扩张引发人浮于事、效率低下的"官场传染病"。

企业和行政部门都存在帕金森定律的现象。帕金森定律的核心内涵有两点：一是不称职者的为官之道，并且因为非常有效所以普遍存在；二是这种不称职者所在单位的破落之因，因为两个助手既然无能，他们只能上行下效，再为自己找两个更加无能的助手。如此类推，就形成了一个机构臃肿、人浮于事、相互扯皮、效率低下的领导体系。具有这种领导体系的单位，多数都是当一天和尚敲一天钟的无激情团队，在固有的管理体制下，这种团队是难有作为的。

一个具有本科学历的一把手，往往对具有博士学历的二把手抱有戒心，从而在商量相关事情时，往往喜欢和具有专科学历的三把手在一起，而不喜欢二把手参与，向上一级汇报工作时，更是不允许二把手随从，如果有可能，总是会选择一个冠冕堂皇的理由，将这个博士调离本单位，甚至逼其辞职。一个在大企业干过营销总监的管理干部，即便是到了一个中小企业，如果不是老板先把原来的营销主管调离，这个新来者，即使有再高的水平，也不会干出优异的成绩，因为那个"老人"在不断地"帮忙"。

帕金森定律所揭示的现象是行政机构和组织中的通病，甚至

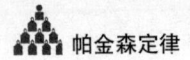
是顽症，有着很大的普遍性。这么说，是不是说帕金森定律的魔咒就无法打破呢？也不尽然。只要采取必要的预防措施，从上到下建立起公正透明的用人机制，就可以最大限度地预防甚至杜绝帕金森现象的发生。

第一，招聘员工要公平公开和透明。

建立全方位的招聘机制，不能够让被招聘员工的直接上级来全权招聘，而应该让更高级别的领导者参与进来，这样就避免了用人者出于私人目的而任用比自己能力低下的员工。

第二，建立人才培养机制。

组织内部要建立积极的人才培养或储备制度。对于一定级别的领导者，在其绩效考核中要加入下属员工的培养指标。领导者必须每年要有向上层输送管理人才的指标，要有发现人才、培养人才的任务。这样，则可以防止领导者只任用能力比自己低的人。

第三，定期对劳动分配率和人事费用率进行考核。

劳动分配率=人工成本/产出增加值，反映的是企业新创造价值对员工分配的份额。人事费用率=人工成本/销售收入，反映劳动投入占实现价值的总产出的比例。定期对部门或组织进行这两个重要指标的考核，使其维持在合理的范围之内。这两个指标在一段时期内持续的增长，那就意味着帕金森定律产生了作用。

第四，建立学习型的组织。

当一个组织内的成员都善于学习、不断进取的时候，才能保证领导者能够持续的满足管理岗位的需求。社会经济发展日新月异、新情况、新技术、新知识、新问题层出不穷，只有领导者不断学习、不断进步才能够满足管理的需要。

# 第2章
## 金鱼缸法则：管理要建立在透明公正之上

金鱼缸法则是由日本最佳电器株式会社社长北田光男先生始创的。金鱼缸是玻璃做的，透明度很高，不论从哪个角度去看，都可以一目了然地观察到缸内金鱼的活动情况。金鱼缸法则是一种比喻，也就是极高透明度的民主管理模式。

鱼缸透明的前提是鱼缸缸体采用的是透明材料，此外就是要有清澈、通透的水质。所以，领导者要不断提升自身的综合素质和职业道德，为管理工作的公开透明提供"透明的鱼缸和清澈的水质"，而管理工作的公平、公正、公开是透明的鱼缸和清澈的水质。

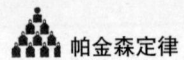 

# 政务三公——公平、公正、公开

　　鱼缸透明的前提是鱼缸缸体采用的是透明材料，此外就是要有清澈、通透的水质，所以，行政机构和企业组织的领导者要不断提升自身的综合素质和职业道德，为管理事务的公开透明提供"透明的鱼缸和清澈的水质"，而管理工作的公平、公正、公开是透明的鱼缸和清澈的水质。因此，在组织的事务管理工作中要始终遵循和执行"公平、公正、公开"的原则去开展各项工作。做到了公平、公正，我们就不怕公开，而管理的公开、透明又会对组织管理本身起到巨大的推动作用，使企业得到持续、良性的发展。

　　用一个形象的比喻来解释金鱼缸效应。金鱼缸是透明的，不论从哪个角度去观察，都可以一目了然地观察到缸内金鱼的活动情况。

　　金鱼缸效应作为现代管理制度的一项基本原则，在各个领域都有很好的运用。

　　政务公开是金鱼缸效应在政府管理领域的运用。政务公开主要的要求是使政府的工作内容公开化，对于政府筹划或正准备进行的各项工作，如城市建设、道路规划、医疗保健措施、事务处理等分类进行公开，并对各项工作内容及进程予以公开，任何公民都可以通过特定途径，如政务公开栏、政务公开网络等进行查询、监督。政务信息本身就是政府信息的一部分，政务公开，有利于政府信息公开的进一步透明化。我国政府政务公开的实行，对于反腐倡廉和提高政党的执政能力都起到了很大的推动作用。

金鱼缸效应运用到企业管理中，就是要求领导者必须增加规章制度和各项工作的透明度。各项规章制度和工作有了透明度，领导者的行为就会置于员工的监督之下，就会有效地防止领导者滥用权力，从而强化领导者的自我约束机制。同时，员工在履行监督义务的同时，自身的主人翁意识和责任感得到极大的提升，而敬业、爱岗和创新的精神也将得到升华。

目前，企业界常采用"开诚布公管理法"，其哲学基础与"金鱼缸法则"一样，就是"开诚布公"。史塔克是业界施行"开诚布公管理法"的先驱之一，他因道德表现杰出，堪为众人表率，而获得"企业信用奖"。史塔克接掌"春田重整公司"（SRC）时，SRC刚从母公司"国际丰收公司"脱离出来，整个公司的经营状况可说是摇摇欲坠。史塔克认为，唯一能使公司长久维持正常经营的方法，就是以真相为基础。他决定让公司里的每一位员工都了解公司整体的经营状况。他亲自教员工看懂、了解公司的财务报表，而且定期公布公司的账册与各项财务资料，让全公司上上下下都知道公司目前的状况及未来的目标。

最后，要记住：管理制度和各项工作的透明、公开是提升行政组织和企业管理水平、防止不正之风的法宝之一。

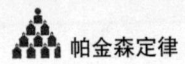 

# 公心至上，处理事务要公私分明

公私不分、假公济私或欠缺公正的领导者在下属的心目中是不会具有威信的。因此，切忌假公济私。公私分明是一名领导者用权的标准。唯有如此，才能正己立身，才能管好下属，否则就会完全掉进私欲的陷阱之中不能自拔，造成毁灭性结果。

公私分明，为古已有之的用权戒律。

对一位领导者而言，公与私是不能同时满足的，因私必然害公。因私害公的领导，在下属眼中就会毫无威信可言。人一旦做了领导，自尊心就会随之提高，常常会莫名其妙地感到自己被忽视，别人一说悄悄话，或在暗中商讨事情，就会觉得不是滋味。

但作为领导，也大可不必因此心怀恨意，如此阻碍工作进行，于己何利？

作为领导者，"不知道"和"不了解"是自己的过错，不应责怪下属。在平时，领导者就应该多作调查，听取下属报告；或巡视各部门的工作现况，以了解他们实际的工作情形。不能掌握下属行事的领导，是一个差劲的领导。同样，作为领导者，像这种因私害公的情形最好不要在自己身上出现。

作为一个现代企业的领导，同样只有无私才能无畏。他们在工作岗位上都应对下属采取公平的处理。但是，什么是"公平"呢？如何判断自己对待下属是否公平呢？下判断的要诀是无私，即不可考虑自己的利益所在。

比如说分配任务。当遇到困难的工作，不要想任用之人成功完成任务后自己将得到的奖励或赞誉，也不要因为工作轻松又可获得利益，便想掠夺过来，企图自己做。这样的念头，都会使下属对你的信心大减。因为你的企图很容易被下属看穿。不论何时，由上往下看，往往不能知道实情。然而，由下往上看，却往往能正确地了解一切。

就企业的利益而言，领导者必须从工作的重要性、紧急性综合判断。在判断的过程中，绝不可掺杂丝毫的自我利益。从工作大局，从企业的未来发展情况而进行考虑，就可以光明磊落地着手去做。一个善于指导下属的领导，是应该经常关怀下属的。然而，付出过多的关怀有时反而于事无补，最好的要诀是做个无私的领导者。

# 让员工看到"飞出的木片"

有人认为，员工对工作如何看无关紧要，工作本身才是最最重要的。领导者们也曾经天真地认为，让员工去完成任务是一个简单的过程。他们认为，只要给员工指出他该做什么，并施以强制、晋升等手段就可让他们顺利地达到既定的目标。然而，实践表明激励并非如此简单。领导者的工作不仅仅是让员工完成任务，而是要在符合员工意愿的情况下完成任务。符合意愿，就意味着让员工看到自己的工作成果而明白工作的意义。

有位心理学家曾经做了这么一个实验，为证实成果对人的激励作用，雇了一名伐木工人，要他用斧头的背来砍一根圆木，心理学

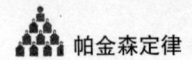

家告诉伐木工人，干活的时间照旧，但报酬加倍，他唯一的任务就是用斧头背砍圆木。干了半天之后，伐木工人不干了。"我要看到木片飞出来。"伐木工人说。

其实，谁不希望看到"飞出的木片"呢?

"飞出的木片"即下属工作的成果，是每位下属证实自我价值的直接体现，亦可理解为每项工作的外在有效价值，是劳动的最直接的成果。所以，看到"飞出的木片"成为每位下属努力的最真实自然的动机，任何看不到"木片"的工作，只能是机械的重复，它意味着对工作成果和工作价值的埋没和湮灭。而机械的重复与成果的埋没具有100%，甚至200%的负面作用和巨大杀伤力，它可将一个人的工作积极性和原动力降至零，抑或最终使其"无力而不为"。

看不到"飞出的木片"，这是产生工作压力的主要原因。当员工看不到木片时，不确定的心理会降低他们集中精神做事的能力，从而使工作表现大打折扣。当员工不知道干得怎样时，他就无法对他的工作表现做出有效的修正，进而无法朝着目标有效地努力。面对迷茫的"前方"，他就想当然地去猜，觉得自己的工作毫无意义。因此，领导者如果要激励员工，特别是负责大工程的某个部分的领导者，一定要用"工作成果"从精神上满足他们，使他们在精神上有所收获。这对员工不仅仅是一种精神上的激励，还是每个人获得他人认可的最有效的手段。

实实在在的工作成果，是员工自我价值的体现。让下属看到自己的成果，他们就能体验到深层的自我满足，获得由衷的自豪感。譬如，汽车工人喜欢看着装配好的汽车开出去;大厨师想凭他的手艺使宴会成功;给航天飞机铆铆钉的工人看到航天飞机发射上天就会满足，这些出自同一种精神的需要——工作成果。这种精神上的满足可极大地调动起员工的工作热情，使其尽心尽力，主动致力于公司业绩的提高。

乔的秘书每月要做一份相当复杂的报告。多年来，每当秘书将该报告送给他时，乔总是只看了一眼便说："放在那儿吧。"然后就让秘书出去了。结果，秘书所写的报告质量忽高忽低，让乔十分苦恼。一次，秘书又送来一份月报告，这份月报告写得十分完美。在秘书的面前，乔很仔细地阅读了一遍，然后极力称赞这份报告的工整以及内容的完整，并对秘书说："真希望以后的月报告都能这么完美。"听了这句提示性的话，秘书的反应让乔非常惊讶。她兴奋地说："谢谢你告诉我这些。"接下来的时间里，秘书都以此为底线制订月报告。乔满意极了。

所以当员工执行一项任务时，作为领导者，一定要确保让员工看到"飞出的木片"，永远不要让员工自己去猜想干得如何。记住，他们需要！他们可能不会像伐木工人那样主动要求得到它。但是，身为领导者，你有责任告诉他们。

## 全力纠正员工认为不公平的地方

作为卓有成效的领导，你应学会主观地评价员工，但完全主观也会导致评价不公。原因显而易见，完全进行主观评价在员工面前缺乏说服力。

领导者会设计出种种考核手段，来确保能够客观地反映员工表现，评定一个人所作的贡献有多大，并将这种结果同工资报酬之类密切联系起来。所有的迹象表明，这种客观的设计是绝对不可能公平的。当评定一个人时，你尽管做到了客观地评判，但又往往被认为结果是不公平的。比如，你想通过"出勤率"指标反映出一个人的工作态度，可有时出勤率高的人未必比出勤率低的人贡献大、效率高。这是因为指标体系设计的本身存在固有的限制，而这种限制又可能会导致你不能公平地评价你的员工。

完满的评价方法应是客观与主观相结合的办法。即领导以客观的评价指标为基础，结合自我的主观评价，来公平地看待每位员工的表现。

平等待人对公司的重要性不言而喻。不公平便会导致员工内部分裂、消极怠工以及达不到员工们希望完成的工作目标。对领导而言，则会损伤其在员工中的权威形象，从而削弱领导的灵魂地位。

事实上，当与员工谈心时，领导便会发现困扰员工的最大问题就是不公平问题。员工认为不公平的地方有：

（1）没有机会提升。

（2）所涨薪水并非如想象的好。

（3）个别员工与领导打成一片，而其他员工被冷落。

（4）未被允许参加某项工作，而有人从中受益。

（5）个人认为自己工作出色，但领导评价却不高。

（6）领导太忙而很少接见员工。

（7）领导只会不断挑错，而不会鼓励与表扬。

（8）领导未对自己努力工作的行为作出反应，但对其他人的小小进步却大加褒扬。

（9）不合理的福利分配制度。

当然，人们对公平都有自己独特的见解。员工们很少谈及其他事情，他们常关心的是对自己不公平的待遇。不得不工作在不合理的限制中，以及接受缺乏民主的决策，是他们常常抱怨的问题所在。

公平是直觉的合并，个人价值观念的集中，共同信念的分享，相互尊重的继续，是对大家都同样重要的东西的解释。作为一名优秀的领导，你应该使手下的员工以近似的观点来看待相同的问题。如果做到这点，员工们就会认为你很公平，否则，就会认为你不公平。

公平并不需要复杂的解释，只需要在重要的决定背后指明信念与原因即可。平等待人的目的，就是要产生共同的、有益于沟通的理解，以确保企业目标的实现。

平等待人是对每位领导的重要考验。员工则本能地了解领导公平地对待每个人，使每个人均有同等机会发表自我见解，每个人均处于同一起跑线上竞争，对每个人的规定与要求都是相同的，每个人都很清楚公司将要发生的事情。领导只有处理好公平问题，才能真正调动起每个人的工作热情与渴望。

# 唯有公心赢人心，对待下属一视同仁

为人公正，办事公平，这是一个领导者的基本素质。贾谊在《新书·道术》中说："无私谓之公，不公为私。"宋代大文学家

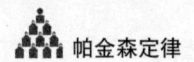
韩愈说："物不得其平则鸣。"可见，公平之说，古已有之。公平之人，公平之事，在史籍典册中，更是不计其数。

唐代的大理寺少卿戴胄，堪称公平的典范。一次，唐太宗李世民的妻舅、长孙皇后之兄长孙无忌带刀进入皇宫，在宫门口站岗的监门校尉未发现。按照唐律，长孙无忌和监门校尉都违犯了法律。可是，当朝宰相封德却说，长孙无忌是一时疏忽，不能视为犯法，校尉麻痹大意，应该杀头。唐太宗居然点头同意这么办。这时，戴胄挺身而出，明确表示：这样量刑不公平。他说，无忌带刀入宫，校尉没有发现，这方面都是由于一时疏忽，如果量刑，应一视同仁，怎么能重此轻彼呢？戴胄说得理直气壮，有根有据，唐太宗只好答应重新商议。而再次商议时，封德仍是力主原判，戴胄便据理辩驳，寸步不让，指出：无忌和校尉，论其过误，情况相同，而校尉是由无忌带刀入宫的缘故而致罪的，"于法当轻"。现在，轻罪反而重判，重罪反而轻判，"生死顿殊"，很不合理，坚决要求据法重新判决。唐太宗觉得戴胄说得有理，终于接受了他的意见，把无忌和校尉都免罪了。

这里的几个人物，长孙无忌是"国舅"，又是有卓著功劳的开国元勋；封德是当朝宰相，大权在握，更有皇帝偏袒。监门校尉则不过是在宫门口站岗放哨的小官；戴胄自己也不过相当于今天的最高法院院长。可是他居然秉公力争，坚持公平断案，这是很不容易的。然而，唯其公平合埋，才得到了李世民的首肯。除了戴胄，像包拯、海瑞这些历史上有名的清官，都因秉公办事而深得人心。

可见，自古以来，公平一直是领导者处理与部下关系的原则。因为下属最忌领导偏心。因为种种原因，领导并不能公平对待每个人的成绩，或不能公平地处理每个人的错误，这实际上起到了一种离间的作用，孤立了被偏袒的部分下属。因此会导致下属之间相互猜忌，矛盾重重。群体的凝聚力就会大大降低，这显然会给管理工作设下重重障碍。

历览古今多少事，公平之心不可缺，这不仅是处世、做人的起码道德，更是一个领导者搞好上下级关系、做好工作的一个起码的前提条件。

春秋战国时，燕昭王为报被齐国打败的仇恨，重振国威，便千方百计招揽人才。他找大臣郭隗商讨对策，郭隗向他说出了这样的道理：竭诚礼待他人，虚心求教，可聚集比自己强几百倍的人才；向人表示敬意，能够听取别人的意见，可以聚集比自己强几十倍的人才；以平等方式待人，可以招来与自己能力差不多的人才；而如果自恃权势，对人呼来唤去，则只会有一些小人投奔自己；昏庸无道，随意骂人，则只能剩下身边的奴仆。

对下属一视同仁，公平合理，是领导者处理与下属关系的一条重要原则，也是赢得下属信任的重中之重。如果你的下级发现你能公平公正地对待他，他定会心情舒畅，干起活儿来，也必是斗志昂扬，对你自然也会更加拥护。

# 第3章
## 罗伯特议事规则：让组织议事从幕后走向前台

罗伯特议事规则由美国将领亨利·马丁·罗伯特于1876年提出，是用于规范美国国会的议事程序，历经百年修改，成为目前美国最广为使用和世界上普遍引用的议事规范。

罗伯特议事规则承认人类有"追求自由"和"追逐利益"的天性，在构建时的一个核心原则就是要谨慎仔细地平衡组织和会议中个人和群体的权利，包括：多数方的权利、少数方的权利、每个成员的权利、缺席者的权利、所有上述人群作为一个整体的权利。旨在保证通过平等、自由、充分的协商辩论过程，使组织的全体成员通过协商的方式表达其意愿，并由与会的多数方依靠多数规则来决定。会议总体意愿符合人类天性和常识的辩论规则、辩论礼节和表决规则。

罗伯特议事规则是落实组织议事和公司治理的工具，是一种推进社会诚信、公义和程序正当的有效工具。它作为一种精巧平衡的制度设置，无论对上还是对下，既促进积极平衡，又是保护，也是适当的约束。

# 可操控的会议，可操作的民主

美国人崇尚自由，但美国人对待开会却是严肃认真的，美国人是会少规矩多。说到开会的规矩，世界上恐怕没有人比得上美国人的规矩大了。他们有一本厚厚的开会规则——《罗伯特议事规则》。这在世界上是独一无二的。这部由亨利·马丁·罗伯特撰写的《议事规则袖珍手册》，于1876年出版，几经修改后于2000年出了第十版。

罗伯特议事规则的内容非常详细，包罗万象，有专门讲主持会议的主席的规则，有针对会议秘书的规则，当然大量是有关普通与会者的规则，有针对不同意见的提出和表达的规则，有关辩论的规则，还有非常重要的、不同情况下的表决规则。

有一些细节规则后面的逻辑原则是十分有意思的。比如，有关动议、附议、反对和表决的一些规则是为了避免争执。原则上，现在在美国的国会、法院和大大小小的会议上，在规范的制约下，是不允许争执的。如果一个人对某动议有不同意见，怎么办呢？他首先必须想到的是，按照规则是不是还有他的发言时间以及是什么时候。其次，当他表达自己的不同意见时，要向会议主持者说话，而不能向意见不同的对手说话。在不同意见的对手之间的你来我往的对话，是规则所禁止的。

在美国的国会辩论的时候就是这样。说是辩论，不同意见的议员在规定的时间里，名义上是在向主持的议长或委员会主席说话，而不能向自己的对手叫板。自己发言的时候拖堂延时，或者强行要求发言，或者在别人发言的时候插嘴打断，都是不允许的。

在美国的法庭上也是这样，当事双方的律师是不能直接对话的，因为一对话必吵无疑，法庭就会变成吵架的场所。规则规定，律师只能和法官对话，向陪审团呈示证据；而陪审团按照规则自始至终是"哑巴"。不同观点和不同利益之间的针锋相对，就是这样在规则的约束下，间接地实现的。

像议事规则这样的技术细节，对于美国这样的多元化而又强调个人自由、人人平等的国家是非常重要的，是民主得以实现的必要条件。否则的话，如果发生分歧就互不相让，各持己见，争吵得不亦乐乎，很可能永远达不成统一的决议，什么事也办不成。即使能够得出可行的结果，效率也将十分低下。罗伯特议事规则，就像一部设计良好的机器一样，能够有条不紊地让各种意见得以表达，用规则来压制各自内心私利的膨胀冲动，求同存异，然后按照规则表决。这种规则及所设计的操作程序，既保障了民主，也保障了效率。

罗伯特议事规则着重关心会议的决策效率，也意在防止民主表决变成多数人的独断，同时划清了个体利益与整体利益的边界。

罗伯特议事规则是在洞彻人性的基础上，经过精心琢磨而设计的。正是这种对细节把握得精致完美的规则，才最大化地实现了公平与效率。

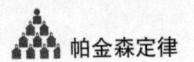 

# 按规则开会，开好会，好开会

任何一个真正成熟的管理，无论是社会管理，还是经济管理，必然是靠在对细节精确把握的基础上制定的规则来运行的。管理离不开规则和标准，而规则和标准正是精致的完美表现。

罗伯特议事规则条目林林总总，内容浩繁芜杂，归结起来，其核心的原则包括以下几点：

## 1. 根本原则

平衡：保护各种人和人群的权利，包括意见占多数的人，也包括意见占少数的人，甚至是每一个人，即使那些没有出席会议的人，从而最终做到保护所有这些人组成的整体的权利。正是几百年来，人们对这种平衡的不懈追求，才换来了议事规则今天的发展。

对领袖权力的制约：集体的全体成员按照自己的意愿选出领袖，并将一部分权力交给领袖，但是同时，集体必须保留一部分权力，使自己仍旧能够直接控制自己的事务，避免领袖的权力过大，避免领袖将自己的意志强加在集体的头上。

多数原则：多数人的意志将成为总体的意志。

辩论原则：所有决定必须是在经过了充分而且自由的辩论协商之后才能做出。每个人都有权利通过辩论说服其他人接受自己的意志，甚至一直到这个意志变成总体的意志。

集体的意志自由：在最大程度上保护集体自身，在最大程度上保护和平衡集体成员的权利，然后，依照自己的意愿自由行事。

## 2. 具体原则

1689年英国议会出现了一本手册叫作《议会》，罗列了三十五部当时的议学著作，已经开始呈现我们今天见到的《罗伯特议事规则》的很多原则和规则的端倪。比如：

同时只能有一个议题：一旦一个提议被提出来以后，它就是当前唯一可以讨论的议题，必须先把它解决了，或者经表决同意把它先搁置了，然后才能提下一个提议。

意见相左的双方应轮流得到发言权：辩论的时候有人请求发言，主席应该先问他持的是哪一方的观点，如果其观点与上一位发言人相反，那么他有优先权（比如有若干人同时要求发言）。

主席必须请反方表决：必须进行正、反两方分别的表决，缺一不可。不可以正方表决后，发现已经达到表决额度的要求，就认为没有必要再请反对方表决。

反对人身攻击：必须制止脱离议题本身的人身攻击。禁止辱骂或讥讽的语言。

辩论必须围绕当前待决议题：如果发言人的言论显得与议题无关，而且其他与会成员已表现出了对此的反感（如嘘声），发言人的发言应该得到制止。

拆分议题：如果一个待决议题可以被分成若干小的议题，而且与会成员倾向于就其中小的问题分别讨论，可以提议将议题拆分。例如，将一个选举两个骑士的议题拆分成两个议题分别表决。

改变一个既成决议比通过一个新决议需要更大的努力。这是为了避免由于类似出席人数的变化这样的因素所可能导致的组织决策的不稳定。

在一届会议期间，一旦会议对某一议题做出了决定，同一个议题，或者本质上的同一个议题，不能再次讨论，除非发生了特殊情况。

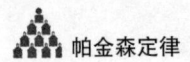

如果对某个议题做了暂时性的处理，并没有形成最终决定，那么不可以引入任何一旦通过就会干扰到会议再对原议题讨论时的立场的提议，无论新提议对原提议有正面还是负面的影响。

我们说有规则是最重要的，并不是说规则是什么并不重要。我们不能规定什么样的规则是最好的，是绝对正确的，但是我们一定知道我们想追求什么样的原则，什么样的精神，这些原则和精神正是议事规则的精华和意义所在。

罗伯特议事规则为行政机构和各类组织提高组织议事和沟通效率提供了崭新思路，让组织开好会、好开会有了可靠的保障。

# 高效会议的12条原则

开会，只要你身处某个组织内就几乎无可避免。然而，在当下高速运转的商业世界中，开会并不受大家的欢迎，因为很少有人能通过会议这一形式取得一些真正的成果。

开会也是现代职场中最重要的沟通方式，事业单位、政府机构、公司……不管你任职于哪种组织，都绕不开各种大大小小的会议，一些人可能天天都在开会，工作时间基本被各种会议占去一半以上。

有研究显示，84%的企业家都曾为内部沟通成本高而苦恼，开会在管理中承担了绝大部分的沟通任务。大部分的会议可能都是没有激情和效率的，你是否经常糊里糊涂就"被开会"了？

不管何种组织，开会都是为了达到某种目的，因此每次参加会议前，我们都要明确两件事，一是开会的目的，即为何开；二是开会的人员构成，即会议中不同的人所扮演的角色。

如何让会议开得理性、有序、高效？"罗伯特议事规则"为我们指明了方向。罗伯特指出，要想召开一场高效的会议，需要遵守以下12条原则：

动议中心原则：动议是开会议事的基本单元。"动议者，行动的提议也。"会议讨论的内容应当是一系列明确的动议，它们必须是具体、明确、可操作的行动建议。先动议后讨论，无动议不讨论。

主持中立原则：会议"主持人"的基本职责是遵照规则来裁判并执行程序，尽可能不发表自己的意见，也不能对别人的发言表示倾向。（主持人若要发言，必须先授权他人临时代行主持之责，直到当前动议表决结束。）

机会均等原则：任何人发言前须示意主持人，得到其允许后方可发言。先举手者优先，但尚未对当前动议发过言者，优先于已发过言者。同时，主持人应尽量让意见相反的双方轮流得到发言机会，以保持平衡。

立场明确原则：发言人应首先表明对当前待决动议的立场是赞成还是反对，然后说明理由。

发言完整原则：不能打断别人的发言。

面对主持原则：发言要面对主持人，参会者之间不得直接辩论。

限时限次原则：每人每次发言的时间有限制（比如约定不得超过2分钟）；每人对同一动议的发言次数也有限制（比如约定不得超过2次）。

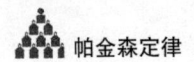

**一时一件原则**：发言不得偏离当前待决的问题。只有在一个动议处理完毕后，才能引入或讨论另外一个动议。（主持人对跑题行为应予制止。）

**遵守裁判原则**：主持人应制止违反议事规则的行为，这类行为者应立即接受主持人的裁判。

**文明表达原则**：不得进行人身攻击，不得质疑他人动机、习惯或偏好，辩论应就事论事，以当前待决问题为限。

**充分辩论原则**：表决须在讨论充分展开之后方可进行。

**多数裁决原则**：（在简单多数通过的情况下）动议的通过要求"赞成方"的票数严格多于"反对方"的票数（平局即没通过）。弃权者不计入有效票。

按其需要，议事程序的规定可以或繁或简，议事规则的基本精神却是非常简约清晰的，大致来说有五项：权利公正、充分讨论、一时一件、一事一议、多数裁决。

第1项和第5项是现代文明所长期追求并正在努力贯彻的，已经形成了广泛的共识。

第2、3、4三项则提供了议事规范落实的技术保障，能够有效地纠正或避免在会议中常遇到的发散跑题、一言堂、打断他人发言，甚至恶意揣度、粗言相激、肢体相争等不文明的现象。

不难看到极简版的十二条原则，大多数是在操作层面上促进效率和达成目标的规定。

总之，罗伯特议事规则有非常精巧且实用的安排，成为促进文明议事和高效决策的强有力的工具。现代社会的各类团体和组织发展到目前阶段，实践议事规则变得更有用、更有益、也更绕不过去了。

# 凡会议必产出，将会议开得卓有成效

万会朝宗，开会目的都是为了"解决问题"。然而，在我们的实际开会过程中，不仅仅解决不了问题，反而衍生出一些新的问题和麻烦，利益纠葛。在会议里，主要体现有以下这些问题：时间冗长、议题杂乱、发言随意、争论粗鲁、默默无闻、各干各事、进程专横、决定草率、被形式化，等等。

这些问题极大地阻碍了会议的进程，延长了会议的时间，造成会而不议、议而不决的无效结果，浪费了时间、人力、物力和财力。为了提高会议效率，快速解决问题，实现既定计划和目标，我们需要对会议进行管理。为什么需要对会议进行管理呢？这里有必要引入一个重要概念——会议成本。

会议成本是会议投资的总和。包括费用、时间、人力、物力。我们首先来看看会议成本是如何构成的，详解如下：

会议工时成本＝参加会议的人数×（与会者的准备时间＋与会者的差旅时间）＋会议秘书工作时间＋会议服务人员工作时间

会议直接成本＝会议设施租用费＋会议场地费＋旅费＋食宿费＋文件准备费

效益损失成本＝会议时间×与会人员平均每小时的工资

不定损失成本（因不及时接听重要客户电话而损失大的订单、不能及时处理客户投诉而得罪一批客户、不能及时解决突发事件而停工停产）

会议成本＝会议工时成本＋会议直接成本＋效益损失成本＋不定损失成本

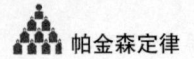

简单点，可以总结为：

会议成本=参会人员平均小时工资×薪资附加值系数×会议小时数×（参会人数+2）×（1+1.5）+会议直接成本

薪资附加值系数是指劳动产值，产值有可能是自己薪水的3倍或者更多，（参会人数+2）是因为有其他人比如秘书要参与准备、服务、通知等。乘（1+1.5）是因为参加会议要中断工作，损失以2.5倍来计算。

也许这个公式的计算方法也许不完全适合每个公司，但一算算会议成本账，是非常吓人的，这有利于增强我们的效益意识，足够证明会议是需要管理的了。

会议是公共关系和企业管理中重要的沟通方式，能给人们造成面对面的交流机会。但不讲会议成本，不注重会议效率，就要无偿耗费大量财力、人力，造成最大的浪费。在时间就是金钱、效率就是生命的社会里，必须尽量缩短会议时间，减少不必要的时间浪费，提高会议效率。

既然我们知道了开会的目的、会议成本的计算，以及常见的浪费现象，那么，就必须遵照"凡会议，必产出"的原则，做好会议管理，掌握好会议的时间和进程，让每一次会议都开得卓有成效。为此必须做到以下几点：

（1）做好开会准备。"不打无把握之仗"，对于开会也是如此。在正式开会前，通常有一些工作要事先准备做好，如确定好参加会议人员的名单，参加会议的人员数量要控制合理，不能太多也不能太少；准备好会议资料；做好会议的场地和座位安排、场景布置。在会前，一定要确保做好了正式开会的所有准备，这样正式开会时就不会陷入慌乱，而是有条不紊。

会议的主题必须鲜明突出，每个会议都应有一个或数个明确主题，会议所要达到的目的也必须非常清楚。防止会议开得漫无边际、毫无中心，使听的人抓不着要领。

（2）要心胸宽大，接纳各种意见，并给每个发言者以鼓励和赞扬；善于倾听和理解，不忽视各种看似微不足道的意见和看法；注意措辞，不要打击了他人的积极性，特别是对此持不同意见的人。每个与会者的风格、能力、经验、思维方式和看问题的角度都可能不一样，就有可能形成理解的偏差或误解，甚至是冲突，这时候既要有积极正面的心态，还要善于利用各种技巧来保证会议在正确的氛围下进行。

（3）注意会议的主题和大家讨论的方向有无偏差，要适时把会议方向拉回来；同时还应注意会议过程中可能产生的从众心理，多鼓励持与大家不同意见的人多发言，并给予适当的鼓励和赞扬；对于要公布的既成决定，要控制会议不再讨论，如的确需要，可以另外安排会议专门讨论。

（4）控制会议按流程进行，掌握好时间，尽量不要推迟或延长会议；对每个与会者的发言时间应该有限定；如果会议议定需要得出结论的，要事先告诉与会者，让他们心里有数；这些都可以在会议议程里写明。

（5）会议得出的决定和结论应该落实到部门或人，并且确定完成需要的时间、资源、配合以及遇到问题时可以到何处或向谁获得帮助等等。

（6）安排会后跟踪，确定会议的决定和结论能够有效实施。

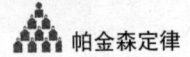 

# 成功主持政策性会议的技巧

一般来说，政策性会议又被称为产生思想观念的会议，是指制定一个组织未来发展的方针、目标的会议。主持这种会议，领导者应注意做到：

### 1. 领导者和与会者要建立平等的关系

这种会议上，一般与会者都是为了组织的前途来出谋划策，因此在地位上没有上、下级之间的关系，与会者是不分级别，一律平等的。只有这样才能使大家开阔思路，制定出一个令人满意的蓝图。领导者不应限制讨论的问题范围，要鼓励和引导与会者充分地表达他们的想法。

### 2. 及时发现和解决问题，掌控会议现场

在对某个计划的可行性进行讨论时，论证范围一定要广，论证一定要充分，虽然这样有可能导致与会者之间产生分歧，但只要会议主持者能善于发现新问题、新观点，并促使与会者公开论战、论证，以充分认清各方的观点，这样才能做出合理的决定。但是要注意，这种争论是应该建立在不影响与会者之间感情基础上的，所以，领导者还要注意对讨论气氛的把握和控制。

### 3. 会议的形式一定要开放

政策性会议，最主要的是集思广益，因此要鼓励所有人都发表自己的意见。领导者一定不要简单地作出肯定或否定的意见，从而封闭了与会者的思想，而应该尽量让大家发挥自己的创新能力。

### 4. 应注意促进各方取长补短、团结协作

产生政策的会议，虽然不一定在会议上当场确定，但依然有明

确的目标。领导者在会议开始时，应当强调会议要想达到目的要靠
与会者的共同力量，让他们形成一个共同的愿望，这样可以避免一
些不必要的相互争执。

**5. 归纳与会者的意见并给予肯定**

会议即将结束时，主持会议的领导者还应系统归纳与会者的意
见，强调会议的成功并对大家的努力予以肯定。这样可以增强与会
者的归属感和自豪感，一旦以后决定实施这些意见时，会对具体的
执行工作有很大的帮助。

# 成功主持总结性会议的技巧

在会议即将结束时，领导要对会议召开的有关情况及所取得的
成果作出全面、客观的总结，对不能确定的或未解决的问题做出解
释说明。对会议总结得如何，是衡量领导水平高低的重要方面。有
的领导能把会议的有关情况总结得很精练、很概括、很有高度，让
人一听就明白。而有的则不善于总结，对会议的精华把握不准，要
么一再重复别人的话语，要么说些不着边际的话，既没有深度，也
没有高度。会议总结要体现简明扼要、全面准确、重点突出、实事
求是的特点。好的总结可以帮助与会者加深对会议精神的理解和把
握，有利于会议内容的贯彻落实。

**1. 内容**

会议总结虽然没有一个固定的模式，但其内容大体应包括以下

几个方面：

（1）会议基本情况。这一部分主要是讲会议的进程和与会者的表现。会议进程主要是对会议进行的几个重要环节综述和分析，对每个环节实施情况做出评估；与会者会议期间的表现如何，要列举典型实例进行评述。要对会议进行了多长时间，进行了哪些议程，办了哪些事情，办得怎么样，与会者的参与程度等情况向与会者作出说明。

（2）会议的主要收获。这一部分是会议总结的重点。主要讲通过大家的共同努力，会议统一了哪些思想，提高了哪些认识，研究解决了哪些问题。要高屋建瓴地概括归纳出几条，让人听了觉得条理清晰，便于记忆。谈收获要紧扣会议主题，突出反映问题，切实符合会议的实际情况。每条收获都应有具体的事例加以说明，要注意引用与会者的发言，特别是一些好的意见、建议及具体的措施和打算，给人以具体生动的感觉。

（3）今后工作意见。这一部分主要是根据会议总的精神，结合工作实际，提出实施会议主题的意见。就是对会议的传达学习、贯彻落实提出具体要求，对会议确定的目标、任务、政策措施进行分解，落实到有关责任单位和责任人。

## 2. 方法

会议总结要得法，一般可采用如下方法：

（1）直叙法。就是简要概括地回顾叙述会议办了哪些事，达成了哪些共识，解决了什么问题，加深与会者的印象。比如，"这次会议我们传达学习了哪些文件，研究讨论了哪些决定，某某领导作了重要讲话，对下一步的工作做出了具体安排和部署：一是……二是……三是……这些意见完全符合我们的实际，对于促进工作具有重要意义，希望大家认真抓好落实，切实抓出成效。对贯彻好这次会议精神，我再提几点意见：一……二……三……"

（2）归纳法。就是在简要回顾会议的基础上，对整个会议进行高度归纳、概括。比如，"我们这次会议开得很成功，概括起来有几个特点：一……二……三……我们这次会议形成了几个方面的共识：……初步解决了几个方面的问题：……现在，对解决这几个方面的问题，大家都形成了一致意见，拿出了具体的对策措施，下一步关键是抓好落实。"

（3）鼓动法。对会议不做全面总结的情况下，用鼓舞人心的话做总结，对大家提出希望和要求，号召大家为实现某个目标或完成某项任务而努力工作。

对会议的总结是详细还是简要，这要根据会议的要求、会议气氛、与会人员、时间安排等情况而定。可以根据上述介绍的一般结构和方法进行调整、完善、灵活掌握。

# 第4章

## 分粥理论：好的制度使坏人无法干坏事

　　分粥理论是美国政治哲学家罗尔斯在《正义论》中讨论社会财富时做的一个比喻。说明只要把制度建立在对每一个人都不信任的基础上，就可以导出合理、具监管力度的制度了。坏的制度能使好人无法干好事，而好的制度能使坏人无法干坏事。制度不但要科学，还要有针对性。制度的制定一定要有所依据，具有可操作性。制度要简单明了，便于执行。

# 分粥不公——制度漏洞滋生权力腐败

罗尔斯在《正义论》中把社会财富比作一锅粥，提出了分粥理论：

有7个人组成的小团体，其中每个人都是平凡而且平等的，没有凶险祸害之心，但不免自私自利。他们想用非暴力的方式，通过制定制度来解决每天的吃饭问题——要分食一锅粥，但并没有称量用具或有刻度的容器。大家试验了不同的方法，发挥了聪明才智，多次博弈形成了日益完善的制度。大体上来说主要有以下几种。

方法一：指定一个人负责分粥事宜。很快大家就发现，这个人为自己分的粥最多。于是又换了一个人，结果总是主持分粥的人碗里的粥最多最好。结论是，权力会导致腐败；绝对的权力绝对腐败。

方法二：大家轮流主持分粥，每人一天。这样等于承认了个人有为自己多分粥的权力，同时给予了每个人为自己多分粥的机会。虽然看起来平等了，但是每个人在一周中只有一天吃得饱而且有剩余，其余6天都饥饿难挨。大家认为这种办法造成了资源浪费。

方法三：大家选举一个信得过的人主持分粥。开始这位品德尚属上乘的人还能公平分粥，但不久他开始为自己和溜须拍马的人多分。不能放任其堕落和风气败坏，还得寻找新思路。

方法四：选举一个分粥委员会和一个监督委员会，形成监督和制约。公平基本上做到了，可是由于监督委员会常提出各种议案，分粥委员会有据理力争，等分粥完毕时，粥早就凉了。

方法五：每个人轮流值日分粥，但是分粥的那个人要最后一个领粥。令人惊奇的是，在这个制度下，7只碗里的粥每次都是一样多，就像用科学仪器量过一样。每个主持分粥的人都意识到，如果7只碗里的粥不相同，他确定无疑将享用那份最少的。

因为分配的方法不同，结果导致习气不同。不同分粥方式对照使用不同制度的企业，我们可以看到一个企业如果有不好的工作习气，一定是机制问题，一定是没有完全公平、公正、公开，没有严格的奖勤罚懒。

因此，要杜绝"分粥不公"的现象，关键在于搞好制度建设，努力建立公平、公正、公开的民主制度。

制度建设大致包括三方面内容：一是制定公共规则，二是保证规则执行，三是坚持公平原则。一个组织或团体内部的制度建设水平和机制创新水平直接决定着组织或团体的发展水平，适当的制度会极大地强化激励的有效性。

制度建设，是一项带有稳定性、长期性、全局性和根本性的工作。好的制度能使坏人无法干坏事，坏的制度能使好人无法干好事。有个好制度，胜过有个好领导。无论是在行政领域、分配领域、管理领域，还是在其他工作领域，都需要建立先进适用高效化、公平公正民主化、奖惩分明激励化的好制度。

# 建设好制度，把"粥"分得更好

分粥者最大的资源并不是粥，那是表面的资源，也是最靠不住的资源，会因为你分的好不好就要立即产生矛盾。分粥者最大的资源是设计制度，不同的制度下，自然有不同的结果，分粥者就是要设计出那个最优的结果。在这里，粥只是一个载体而已，一旦懂得了生产公平的分粥制度，你就自然懂得分任何东西给任何人。

分粥理论告诉我们：先进适用而高效化、公平公正而民主化、奖惩分明而激励化的制度，是搞好内部管理的基础，我们需要根据自身实际而创新这样的制度。落后僵化、脱离实际、流于形式的制度安排，不但无助于提高工作效率，反而会成为日常管理中的一种枷锁和羁绊。

就拿上节故事来说，前四种分粥办法，或造成分粥不公平的结局，影响大家的积极性；或效率不高，在一件极简单的事情上浪费太多的精力；或给"掌勺者"以可乘之机，使其有以权谋私的机会。而唯有第五种方法，看似简单，实则适用，隐含了深刻的管理内涵，具有更宽广的适用性。

不同的制度安排，就会在制度出台以后随之形成不同的单位风气。一项好的管理制度，一定是在实际的运用过程中不断修订与创新，使其逐渐合理实用、清晰高效，既有利于简便操作，又能体现效果的公平性。因此，适用的制度是根据自身实际的需要制定出来的，而不是照着别人生搬硬套制造出来的。它既要体现民主化、公正性，具有很强的针对性和适用性，同时还要体现奖惩分明的绩效原则，这样才能提高全体工作人员的积极性和创造性，做到"以奖扬长，以惩避短"。

分粥理论给我们另一个启示就是要有一套好的制度，要敢于跳出传统的思维去寻找新的解决问题办法，一套好的机制对领导者来说比自己事无巨细、事必躬亲要有效得多。就像分粥一样，很多事情不是没有办法，而是我们一时还没有想到。分粥理论让我们体验到了建立智囊参谋库的可能与必要。让谋划的人尽心谋划，让执行的人全力执行，且他们都从中获得间接而不是直接的利益，这样我们才能把"粥"分得更好，当然，还有必不可少的独立的监督。

这套机制，在经济学方面，是用以说明经济系统像一部大机器或一个生物机体那样，通过它的各个组成部分的相互作用，实现总体功能。因为国民经济是一个有机的整体，具有内在的构造和特定的联结方式。在国民经济这个大系统中，有物质生产部门和非物质生产部门，并存在生产、流通、分配、消费四个环节，各部门各环节之间，不仅存在有机的联系，而且具有特定的功能。例如物质、资金和信息的交换，各部门各环节之间的协调平衡，以及相互联结和调节的功能。如何使它们在运行过程中的功能和谐，发挥最佳的总体效应，使得社会经济机体具有自我组织、自我调节、自我发展的性能，这就是我们需要研究的经济运行机制。

# 轮流分粥，分者后取，搭建责、权、利平台

管理的真谛在"理"不在"管"。领导者的主要职责就是建立

一个像"轮流分粥，分者后取"那样合理的游戏规则，让每个员工按照游戏规则自我管理。游戏规则要兼顾公司利益和个人利益，并且要让个人利益和公司整体利益统一起来。责任、权力和利益是管理平台的三根支柱，缺一不可。缺乏责任，公司就会产生腐败，进而衰退；缺乏权力，领导者的执行就变成废纸；缺乏利益，员工的积极性就会下降，消极怠工。只有领导者把责、权、利的平台搭建好，员工才能"八仙过海，各显其能"。

行政机构和企业组织是一个有机系统，建立有利于组织机构发展的制度太重要了。实际上，是一个机构和组织的制度决定了其竞争力，这个制度不仅仅是领导个人的想法，它融合了所有参与经营管理的全体员工的意志，使组织机构对外有竞争力，对内则公平、公正、公开，奖优罚劣、奖勤罚懒，能者上、庸者下。

制度建设应该遵循8个原则：

（1）制度不要只停留在让员工遵守什么，违反了怎么处罚；更应该明确员工做出了什么成绩，会受到什么奖励。前者是针对不积极工作者的，而后者是针对认真工作员工的。

（2）管理过程中对员工要进行制度学习和执行方面的认真培训。

（3）对于人事晋升制度、奖励制度、薪酬制度要公开。

（4）制度中对内部权力设置要制衡，对争议应有裁决机制，也就是订立民主集中制的权力原则。

（5）制度中对各级管理人员授权要明确，授权以信任为基础，信任以监督为前提。

（6）制度中对违反权力的监督及处罚要具备实操性，让管理人员知道：授权不是放任自流，监管也不能横加干涉。

（7）制度的制定应具有操作性、可行性，力求简洁和全面，便于理解，便于执行。

（8）制度应及时修订，特别是遇到国家政策调整或市场大环境改变时。建立健全的管理制度，才会让人自觉抛却私心，自觉地做于人于己于组织都有利的事情，将组织发展与个人发展有机结合起来。

## 扎紧制度的笼子，约束分粥人权力

"轮流分粥，分者后取"，是"分粥理论"的经典论断。为确保分粥的公平公正，经过五次试验，七个人值日轮流分粥，值日者最后领粥，结果碗里的粥一样多。在保障权利、约束权力，主张把权力关进制度笼子里的时代，重申分粥理论有着不可言喻的重要现实意义。

社会学家孟德斯鸠说："没有制约的权力必然会走向腐败。"权力是最为紧俏的资源，堪比一日三餐的"粥"。权力的运行，一如分粥。分不好"粥"，意见纷扰。分好"粥"，定分止争。权力的约束，犹如寻求最佳的分粥方案。

在公平公正分粥，让人人都有粥喝，让每人都分到一样多的粥的问题上，程序、次序、秩序、顺序是最佳"黄金分割点"。同理，在分配和制约"分粥权"的问题上，程序、次序、顺序是关键环节中的关节点，可谓触一发而动全身。

公平不仅体现在结果上，更体现在程序和制度上。分粥理论告

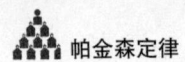
诉我们，程序不是结果，但最终影响结果。公正的程序导致公正的结果，不公平的程序导致不公正的结果。不公正的程序，是假公济私、化公为私、损公肥私的源头；公正的程序、严密的运行规则，是结果公正的开端。

权力越大，风险也就越大，越要受到严格监督。没有制衡的权力是危险的，就容易滋生腐败、滥用权力、牟取私利，出现"分粥不均"、"分粥不公"等现象，必须扎紧制度的笼子，对权力进行刚性约束。

要强化责任追究，做到有责必问、问责必严。要围绕权力运行这个核心，将风险防控管理要求嵌入到具体业务流程中，规范业务管理，强化全程监督，有效堵塞漏洞。把制度监督与环节监督月有机结合起来，杜绝"分粥不均"、"分粥不公"的现象。

要全面掌握情况，对于制度推进过程中出现的问题和偏差及时纠正，加强督查，强化考核，强化责任压力。要积极探索、不断完善。对制度推进情况要认真地进行阶段性的总结盘点，对实施过程中发现的不完善、不适应形势任务变化的地方及时修订，确保制度更加科学、更加有效、更加公正、更加合理、更加完善。

# 确定游戏规则，维护效率和公平

社会总是由各种群体组成的，每个群体必然存在共同利益与矛盾，处理这些矛盾最文明的办法是制定群体成员都认可并共同遵守的"游戏规则"——制度。

制度是什么？现代经济学是这样表述的：制度至关紧要；制度是人选择的，是交易的结果。好的制度浑然天成，清晰而精妙，既简洁又高效。经济学家诺斯认为，制度是一个社会的游戏规则。或者更规范地说，制度是构建人类相互行为的人为设定的约束。

**1. 制度总是存在于我们周围**

所谓制度，就是要求大家共同遵守的办事规程或行动准则，也是一定历史条件下形成的法令、礼俗等规范或一定的规格。我们最熟悉的制度是法律。法律的产生伴随着人类社会的发展。而离我们最近的制度，却是每个家庭的家规，比如在中国最有名的家规莫过于《朱子家训》。而我们接触最多的，则是所在企业的管理制度。无论法律、家训、企业制度其核心都是规程或准则，通过制度我们可以知道什么事情可以做，什么事情不能做。这也是制度所要告诉我们的。在分粥故事中，只要分粥的过程存在，分粥制度就已产生，而制度的优劣则是另一个方面的问题。

**2. 制度是解决资源分配的有效手段**

制度代表了一系列要求人们共同遵守的行为规则。制度应该根据问题而生，是解决问题的手段。制度是搞好内部管理的基础。前四种分粥办法，或造成分粥不公平的结局，影响大家的积极性；或效率不高，在一件极简单的事情上浪费太多的精力；或给"掌勺者"以可乘之机，使其有以权谋私的机会。而第五种方法确保了分粥的公平。

**3. 不同的制度安排，就会在制度出台以后随之形成不同的文化**

一项制度从其确定原则，制定方法，到实施细则都是根据适用者自身实际情况制定出来的，而不是照搬其他组织的做法。一项好

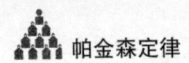

的管理制度，应该有针对性，立场分明，对确立积极向上的企业文化至关重要。比如故事中的分粥委员会制度，体现了民主和监督，但缺乏效率；一人当权，又滋生腐败。

### 4. 制度是人选择的结果，是交易的结果

制度制定是一个过程，需要经过不断实践、总结过程的。现在我们来想一下，如果一开始就是每人轮流分粥，分粥人最后拿粥。那么这个制度可以延续下来吗？我想未必，因为这个制度也有问题，比如每人轮流不如指定一个人省心，比如分粥者个人对公平的理解等。所以，最后一个办法之所以合理，并不是因为这个办法是科学的，而是因为这个办法解决了以前办法产生的问题。所以，最优办法是相对的，而不是绝对的。其实在我们实际工作中，接触到的制度却未必公平，也未必有效率。所以，制度是选择的结果。

从分粥规则可看到制度对于维护公平正义的重要性。"正义只有通过良好的法律才能实现""法是善和正义的艺术"，这些古老的法学格言都表明，法律制度和公平正义是不可分的。同时也说明如何通过制度解决公平与效率的问题。

# 精简层级，杜绝官僚主义，提升组织效率

在制订制度时，对于组织机构的设置，领导者必须本着科学的管理层次和管理幅度相结合的原则来进行设计。管理层次划分必须适当，必须以提高行政效率为准则，层次不宜过多。内部管理

层次过多，易造成信息流通不畅、程序复杂甚至滋生官僚主义的弊端。

不少机构和企业发展到最后，都遇到了管理瓶颈，最明显的表现就是组织架构重叠、管理层次繁多、人员冗余。因为我国许多中小型民企的投资者对整个企业具有绝对的控制权，组织架构设置随意性比较大，很可能出现几个人或部门都在做同样的事情，无形中造成人力资源的浪费。不少企业的组织架构是金字塔状，管理层次七八层甚至十几层的都有。中间管理层过多，会使部门之间信息沟通不畅，协调困难。不合理的组织架构设置导致机构臃肿。一般员工上万的大型企业才设置总经办、行政部、人力资源部等部门，但一些员工仅数百人的企业也这样设置。部门划分过细就会使部门之间业务交叉，导致权、责、利分配不清晰。机构臃肿的并发症是人员冗余，人浮于事。这样的企业管理层次过多最直接的后果是人力资源成本居高不下，间接后果是政出多头，员工职责不明晰，士气低落，从而导致工作效率降低。

不仅如此，管理层次过多的机构和企业，其经营管理必然还会有如下症状：

一是决策效率和效果低下。经营管理是否有效，很大程度上取决于生产经营情况和决策管理信息能否快速、准确、及时、无误地上传和下达。管理层级过多、链条过长，势必使上下信息沟通不畅或延误或失真，既会降低决策效率，又容易导致错误决策。

二是管理成本增加。经营管理不仅有人工成本，也有组织成本。管理成本投入后的产出利润大小，可以反映企业内部管理效率的高低。

三是内部监管失控。监督管理的有效性必须在一定的合理层级

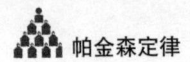

范围内才能发挥。管理层级过多、链条过长，行业覆盖面过宽，鞭长莫及，上层对下层的监管势必成为问题。有的集团公司连自己下属的子公司、孙公司、重孙公司具体有多少家都搞不清楚，监督和管理只能流于形式。

四是竞争和适应能力下降。由于机构臃肿、决策低效，因而反应迟钝、行动缓慢，往往难以适应快速多变的外部经营环境。加上涉猎行业过多，经营范围过于分散，往往不能把有限的资源和精力集中在自己擅长的领域，造成主业过多，主辅不分。

五是由于管理层级过多，管理链条过长，造成相关控制人员也随之增多，从而形成了各种各样难以控制的资产流失渠道。

传统管理模式的企业和组织强调分工，组织结构也是传统的高尖式组织结构，也就是金字塔式、自上而下、递阶控制的管理组织形式。

随着时代和经济的发展，这种管理层次过多的组织结构，由于存在对外界环境变化响应迟缓和压抑组织成员全面发展等弊端，越来越无法适应新经济时代管理的需要。

陷入此种管理瓶颈的中小企业，则可以根据杰克·韦尔奇的"无边界组织"的理念，注意加强科学的组织设计，减少不必要的管理层级。"无边界组织"的概念，寻求的是减少管理链条，对控制跨度不加以限制，取消各种不必要的职能部门。面对庞大的公司机构，通过"无边界组织"减少公司内部的资源浪费和政令不通，消除公司的内部管理障碍，为企业管理营造更畅通高效的条件。

因此，科学的管理意味着首先要有一个科学的组织设计。组织设计是为组织目标的实现服务的，是以自己的生产特点、人员实际能力作为基本的考虑依据。科学的组织设计可以使组织形式与企业的运作需要达到最佳的契合，可以通过科学、合理地组织设置减少不必要的管理层次，避免人力资源的浪费和提高管理工作效率，从而为企业获得最佳效益奠定基础。

# 第5章

## 修路理论：一手抓制度管人，一手抓教育育人

当一个人在同一个地方出现两次以上同样的差错，或者两个以上不同的人在同一个地方出现同一差错，那一定不是人有问题，而是这条让他们出差错的"路"有问题。现代管理学对此称为"修路理论"。修路理论告诉我们，管理工作最重要的不是去管人，而在于"修路"。

# 制度为纲——为员工成长铺路搭桥

著名管理咨询专家刘光起先生说："管理就是管出道理，道理就是规则规范。"这里所讲的规则规范，指的就是管理中的各项规章制度。中国传统文化中"没有规矩不成方圆"的思想，也阐释了规章制度的基础性作用。

约翰和亨利到一家公司联系业务。这家公司的办公室在一幢豪华写字楼里，落地玻璃门窗，非常气派。可是，由于玻璃过于透明，许多来访客人因不留意，头撞在高大明亮的玻璃大门上。不到一刻钟，竟然有两位客人在同一个地方头撞玻璃。

亨利忍不住笑了，对约翰说："这些人也真是的。走起路来，这么大的玻璃居然看不见。眼睛到哪里去了？"

约翰并不赞同亨利的说法，他说："真正愚蠢的不是撞玻璃门的客人，而是设计者。如果不同的人在同一个地方犯错误，那就证明这个地方确实存在缺陷。应该考虑怎么修正缺陷，而不是嘲笑那些犯错误的人。"

亨利于是向该公司的经理提了意见，在这扇门上贴上一根横标志线。

从此再没有来访客人撞到玻璃门了。

这个故事涉及"修路原则"，即当一个人在同一个地方出现两次以上同样的差错，或者两个以上不同的人在同一个地方出现同一差错，那一定不是人有问题，而是这条让他们出差错的"路"有问题。

世界上没有完美的制度，也没有完美的管理，任何一家先进的公司管理中都会存在问题。管理进步最快的方法之一就是：每次完善一点点，每天进步一点点，每个人每一次都能因不断修"路"而进步一点点。这里所讲的"路"就是制度和规范，"修路"就是指制度建设。作为领导者，最重要的工作不是"管"——惩罚犯错的下属并要求他不要重犯错误，而是去制定让人各司其职的制度——修筑让人各行其道的"路"。

# 修好路，让员工好走路、走好路

世界上本没有路，走的人多了，便有了路，要想行驶便捷，需要不断修路。

在组织运行管理中，组织、领导者应如何修路，才既能达成组织目标，又能促进员工成长，从而实现组织和员工的共赢？

## 1. 领导者修路反映对员工的人性认知

修路理论告诉我们，领导者的核心职责是修路，而不是管理人。把工作重心放在修路而非人身上，是领导者对员工持有何种人性假设的现实写照。

若基于员工懒惰、贪婪、自私、无创造力、无责任心的人性认

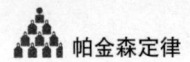
知，领导者必然通过严格各项规范制度，杜绝和克服其自身劣势，促进工作任务的完成，这是"无人"管理模式的经典写照，也是修路理论第一层面意义的体现。但当领导者认为员工是有责任心且能力不断提升，即认为员工不再把工作当成获取每月财务支持的手段，而是主动承担工作责任、积极提出管理建议，并有能力取得一定工作成效时，这时注重修路就是为员工创造提高绩效、发挥潜能的基础条件和宽松环境，更好地服务于人，让员工好走路、少走弯路。

### 2. 领导者修路促进工作正常有序

游戏必有规则，经营管理的规则是各项工作制度，完善工作制度就是保证让员工好走路、少走弯路、走好路。但现实中的情境并非如理论一样理性严谨，许多情况下，责任不清、职责不明，工作中推诿现象严重。因此，完善工作制度，如人力资源管理工作分析为员工规定了从事某项工作的职责、内容、程序、标准，规定了责任人的工作隶属、协作、服务关系，提出了从事该工作的人的资格与条件，必然从制度上确保选择合格的员工，并以正确的方式做正确的事。这就像修好路，不断修订各项规章措施，使行人顺利行进一样有效。

管理是动态的，不断修路正是管理各项职能灵活应对组织内外环境的动态变化，不断调控、权宜制衡的积极举措。不断修路就是不断修葺组织运行过程中不利于员工发挥潜能的各种障碍，剔除这些障碍会有效保证员工、部门、组织目标的顺利实现和各自利益的获取。

### 3. 路越修越好

任何组织都有其建立、成长、成熟、衰退的阶段，内外环境变化使得组织运行管理不可能一帆风顺。因此要求组织管理应在宏观战略规划的基础上，对战略目标层层分解，落实到部门和个人，针对计划、有效组织，并在各级职能完成过程中，认真检查与控制，查漏补缺，立即"修路"，为组织后续运行做好准备。这样，组织应对问题的经验会越来越丰富，组织成长与进步会越来越显著，"路"会越来越好走。

就像修得宽敞平坦的大道，制定行走规则，完善各项设施，行人才能自由顺畅行进一样，组织运行的"修路"也应以员工为中心，创造各种条件发挥员工才能，最大限度满足员工的合理需要，提高其工作满意度，促进部门顺利完成任务，实现组织目标。

# 规范制度，清除路障，不让员工摔倒

修路理论强调，只要这条"路"有问题，不但一个人出错，而且一定有其他人犯同样的错，如果今天没人在这里出差错，明天或者后天还会有。

生活中这样的例子很多。

比如，有一盆花放在路边某一处，若有两个人路过时都不小心碰了它一下，正确的反应是：不是这两个人走路不小心，而是这盆花不该放在这里或不该这样子摆放。

一般认为，如果一个人在同一个地方摔上两跤，他会被人们耻笑为"笨蛋"，如果两个人在同一个地方各摔一跤，他们会被人耻笑为两个笨蛋。按照"修路理论"，正确的反应是：是谁修了一条

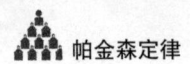 

让人这么容易摔跤的路？如何修正这条路，才不至于再让人在这里摔跤？

如果有人重复出错，那一定是路有问题，比如，对他训练不够，相关流程不合理，操作太过复杂，预防措施不严密等。

如果有人干活偷懒，那一定是因为现行的规则即"路"能给他人偷懒的机会。

如果有人不求上进，那一定是因为激励措施还不够有力，或至少是你还没找到激励他的方法。

如果有人需要别人监督才能做好工作，那一定是因为你还没有设计出一套足以让人自律的游戏规则。

如果某一环节经常出现扯皮现象，那一定是因为这段"路"上职责划分得不够细致明确。

如果经常出现贪污腐败现象，那一定是"路"给了他们许多犯罪的机会。

对于企业、国家，好的制度就是"路"。好的制度能让坏人干不了坏事，不好的制度，能让好人变坏。

要想避免员工投机取巧的行为，杜绝扯皮现象，领导者需要做到以下几点：

一是加强员工素质培训，努力提升员工的素养，让员工"结实"一些，不要那么容易被"路障"绊倒。

二是时刻检查"路"，一旦发现问题，立即把"路"修好，让它不容易绊倒别人。这样的话，因为"路"越来越好，而相关问题也就是越来越少，进步也就越来越多。

三是做到"持续改善"。持续不间断地对制度进行修订和完善，这样制度就会越来越完善，在一个更加规范、科学、合理的制度下工作，员工也会自觉约束和检视自己的行为，减少工作中的错误，不断地获得进步。

# 左手制度管人，右手教育育人

在现代管理的诸要素中，具备一定素质的人，是最活跃的、唯一起主导作用的要素。人的要素不同于作为管理客体的其他要素，正如马克思所指出的："人本身单纯作为劳动力的存在来看，也是自然对象，是物，不过是活的有意识的物，而劳动本身则是这种力的物质表现。"因此，只有把人的要素作为根本，才能依靠被管理的人，去组织协调物的要素和其他管理要素。那么人既然是管理中的首要因素，就存在着在管理中如何规范和制约人们思想和行为的问题。社会的管理、单位的管理、工作中的管理、人的管理，主要靠制定法纪、制度、公约等。精明的领导者都是善用制度管人的人。

人管人得罪人，只有用制度管人，才能真正管好人。一个单位工作的好坏，队伍有没有战斗力、凝聚力，能否做到政令畅通，令行禁止，很大程度上取决于各项制度是否配套完善，制度执行得如何。因此，必须搞好制度建设的几个层面，形成梯次，使各项制度相互配套，形成全面、统一的整体功能，做到用制度管人、管事，用制度激励、调动人的积极因素。所以，要管理好人，就应该一手抓制度管人，一手抓教育育人。只有坚持教与管的有机统一和协调，才能够使各项建设步入良性运作的轨道，促进和推动事业的发

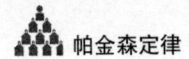

展。制度建设是实现现代管理工作的一个极其重要的环节。在一定意义上说，制度相当于管理工作中的"法"。每个企业、每个单位都应有这个"法"。所以，建立完善的规章制度，以制度加以硬约束，这是做好管理工作的关键。做到了这一点，就能营造出一个能者上、平者让、庸者下的良性竞争氛围，达到管理的目的。

制度是人制定的，需要人去执行。要使制度能顺利贯彻实施，一方面，要维护制度的严肃性。要落实在规章制度面前人人平等的原则，不管是什么人，只要发生违规行为，就必须按章处理。另一方面，要建立激励机制。

我们都生活在一个物质的社会，每一个人都需要一定的物质来满足自己的生命和生活需要。因此，要在用规章制度去调动人的积极性的同时，还必须有激励力量。只要做到了有"法"可依，就可以避免人为、人治因素的主观随意性，使我们的各项工作稳步开展，并步入制度化、规范化的轨道。

# 制度面前人人平等，当好员工领路人

企业内不允许有不受制度约束的特殊人、关系人。如要在企业内超越工作关系，超越规章制度办事，只能让其选择离开。我们经常可以看到这样的情况：企业的领导者有很好的悟性，一些好的规章制度非常科学严密，但在执行过程中却像是一拳打在棉花上，不能落地生根。执行力不是一个表象问题，要达成"提高执行力"的目标，首先要找出执行体系中的关键要素——那些起到特别作用的要素，制定相应的法则，才能保证执行力的健康发展。

这样一种认识值得关注：企业执行力差的原因，很大程度上在于员工不能正确执行公司的制度，一方面是因为员工缺乏正确的意识，另一方面则是员工缺乏足够的专业技能。因此，领导者总是希望让员工接受大量的培训，通过培训来改变认识、提高专业技能，从而强化执行力。其实，这是一个误区，他们将注意的焦点过于集中在员工身上，采用的也是"治标不治本"的手段。这样问题的出现，与领导者自身的态度也有密切的关系。因此，谁出了问题就找谁，这是人人平等原则的精要。

亚里士多德曾说："稳定的国家是以法律面前人人平等为基础的。"

《三国演义》里讲述了这样一个故事：

为保护农民的利益，曹操传令三军：经过麦田时，不得践踏庄稼，否则一律斩首。

这一天，曹操正带领军队出征张绣，一只斑鸠突然飞过，曹操的坐骑受惊跑进麦田，踏坏一大片麦子。曹操要求行军主簿对自己进行军法处置，主簿十分为难。曹操却说："我自己下达的禁令，现在自己违反了，如果不处罚，怎能服众呢？"当即抽出佩剑要自刎，左右随从急忙解救。这时谋士郭嘉急引《春秋》"法不加于尊"为其开脱。此时曹操说："既《春秋》有'法不加于尊'之义，吾姑免死。"但还是拿起剑割下自己一束头发，掷在地上对部下说："割发权代首！"叫手下将头发传示三军。将士们看后，更加敬畏自己的统帅，没有出现不遵守命令的现象。

制度面前必须人人平等，对于领导者也不例外，如此才能保证

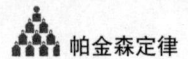

制度在执行上的公正性与严格性。

联想集团有个规矩，凡开会迟到者都要罚站。在媒体的一次采访中，柳传志表示："我也被罚过三次。"

他描述说："公司规定，如果不请假而迟到就一定要罚站。但是这三次，都是我在无法请假的情况下发生的，比如，有一次被关在电梯里边。罚站的时候是挺严肃，而且是很尴尬的一件事情，因为这并不是随便站着就可以敷衍了事的。在20个人开会的时候，迟到的人进来以后会议要停一下，静默看他站一分钟，有点儿像默哀，真是挺难受的一件事情，尤其是在大的会场，会采用通报的方式。第一个罚站的人是我的一个老领导。他罚站的时候，站了一身汗，我坐了一身汗。后来我跟他说：'今天晚上我到你们家去，给你站一分钟。'不好做，但是也就这么硬做下来了。"

据说在联想被罚过站的人不计其数，还能说明这个制度的有效性吗？柳传志非常肯定地回答："当然有效，而且非常有效。在不计其数以后，出了问题就要受罚的观念就深入人心了。并且不管谁犯了错误都会受罚，公平感才会产生，你的队伍才会精神百倍。"

在制定和执行制度的时候要始终坚持制度面前人人平等的原则，特别是在执行制度时要一视同仁，谁都必须遵守，尤其是企业的领导者必须率先贯彻执行。如果在制定和执行制度的时候，忽略了公平公正这项基本原则，那么企业的管理制度将成为一纸空文，成为粉饰自己的"花瓶"。

# 第6章
## 热炉法则：违反规则必会受到惩罚

当你去碰触一个烧红的火炉时，就会立刻受到烫伤的惩罚——这是现代管理学中有名的热炉法则：火炉摆在那里是烧红着的，任何人都知道不能去碰触；如果有人敢去碰触，那么必然要被烫伤；烫伤在时间上是即时的；烫伤在对象上是普遍的。以上四点隐喻表明加强制度建设，切实保证制度的贯彻实施，必须处罚以身试法者。

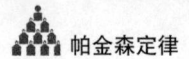

# 规则是不可触摸的"热炉"

海尔集团有着这样的规定，所有员工走路都必须靠右行，在离开座位时则需将椅子推进桌洞里，否则，都将被罚款。之所以做这样的规定，用意无非是希望全体员工在心目中形成一种强烈的观念：规则是一个不可触摸的"热炉"。

每个组织机构和企业都有自己的"天条"及规章制度，员工中的任何人触犯了都要受到惩罚。制度明确规定了员工该做什么，不该做什么，就好像是标明了在哪里有"热炉"，一旦碰上它，就一定会受到惩罚。只有这样，才能做到令行禁止、不徇私情，真正实现热炉法则。

热炉法则形象地阐述了惩处原则：只有罪与罚能相符，法与治才是值得期待的结果。为了达到这一目标，心理学家沃尔特·克鲁塞兹根据研究结果提出了几点原则：

## 1. 警告性原则

热炉火红，不用手去摸也知道炉子是热的，是会灼伤人的。领导者要经常对下属进行规章制度教育，警告或劝诫其不要触犯规章制度，否则会受到惩处。

## 2. 行为替换原则

每当你碰到热炉，肯定会被灼伤。对人进行惩罚之前，要向他们说清并使他们明白受罚的原因。每个单位都有自己的"天条"及规章制度，单位中的任何人触犯了都要受到惩罚，惩罚的是他的不当行为，而并非是针对他这个人。

### 3. 实时性原则

当你碰到热炉时，立即就被灼伤。惩处必须在错误行为发生后立即进行，既不拖泥带水，也不宜以后追究，决不能有时间差，而且惩罚时间要短，使其达到及时改正错误行为的目的。

### 4. 公平性原则

不管谁碰到热炉，都会被灼伤。当有人出现不恰当行为时，在给予惩罚的过程中要使其学会用恰当的行为来取代不当行为，一旦恰当行为出现则惩罚停止，不能持续惩罚，也不能因为对方有其他方面的成绩，就能免于行为过失的惩罚。

### 5. 程度原则

被灼伤的程度以与热炉接触的紧密程度和时间长短有关系，惩罚以制止不当行为发生为限，处罚过度反而有害。

# 对下属的过错不要姑息养奸

纵容下属，自食其果，这是管理工作中铁的教训。现代企业领导推崇"以人为本"，是要把下属摆在主体的地位加以考虑，尊重他们的人格，体察他们的性情，重用他们的能力。但这绝不意味着以情感代替原则，以理解取消制度，因为这样只能纵容下属产生不

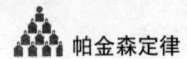

合理的欲望和行为。要知道，这是管理工作的大忌。

作为一个领导者，我们提倡对下属多宽容、少苛责，但是，也不能宽容得过了分，变成了姑息养奸。姑息养奸不但不能让下属对你服服帖帖，反而会让你威风扫地。某位充满自信的上司曾经说过："因为我对自己的工作充满热忱，因此对于下属我也严加指导。"但是，有人向他的下属询问情况时，他们却异口同声地回答我："他才不是严格，他只是喜欢挑下属的毛病而已，而且相当啰唆！"

斥责，一般是上司对下属的行为，是单方面的特权，但这并不表示上司可以随意斥责下属。作为上司，当你在斥责下属时，对方也并非一定都会从内心深处感到懊悔，并且向你道歉。表面上他认为不要忤逆上司较好，所以始终低着头，最后冷笑一声说："不！不！你的教训相当有道理，这全都是我不好。"对于此种类型的下属，必须使他了解你斥责的缘由。或许你因此会花费较长的时间与精力，但是不可吝于付出这样的努力。对于会产生反抗行为的下属，则要详细解释到他能完全理解为止。

有的下属在将被斥责时，会很有技巧地支吾其词，或者将责任推到别人身上，然后逃之夭夭。对于如此狡猾的下属，必须严厉地斥责。假如对此种现象视而不见，则"赏罚分明"原则便会有所疏失。

对于可能产生反抗行为的下属，你必须使其了解错处。或许对方会提出辩解，必须静下心来倾听，然后在下属的辩解中发现他的误解之处，一旦有夸大其词、歪曲事实之嫌时，应马上指出并令其立即改正。有的下属一被斥责，便会提出冗长的辩解，可以听听看，但不可逾越一定的程度。辩解终究是辩解，必须命令其不可再犯相同的错误。如果碰到难缠的下属，则必须事先做好心理准备。

有时因状况不同，必须分组彻夜讨论，此时你更不应该胆怯，必须具备拼搏的干劲才行。

完全不听下属的辩解是不近人情的。每个人都有自尊心，只是单方面地被斥责而无法提出解释的机会，对方必定会觉得不公平。若下属净说些毫无意义的理由，可见他的内心此时多少已有些纷乱了！即使下属一厢情愿地以为自己的辩解得到了认同。但此想法对他而言，可说是一大安慰。预留一点余地给对方是一种美德。《孙子兵法》中曾提到要事先给敌人预留退路，以免其殊死搏斗。就算是与你有深仇大恨的下属，也不可将其赶尽杀绝，片甲不留。否则不仅自己受到伤害，周围的人也会感到困扰。

有的下属会因为被斥责而显得意志消沉，也有的会吓得面无人色。然而斥责亦是一剂良药，你可以借此期待他从失意的泥沼中站起来。当斥责对下属而言是一个相当沉重的打击时，不妨在私下拍拍他的肩膀或握握手予以安慰，相信这剂药方将会发挥很大的疗效。

要想不姑息养奸，就必须学会斥责下属，使其时时注意自己的言行。

## 惩一儆百，让其他人引以为戒

作为领导，如果不是一个下属在你面前为所欲为，而是一群——这时你该怎么办呢？不妨惩一儆百。

有的领导面对这种情况不知如何是好，想惩一儆百却又怕犯

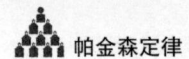

了众怒，如此犹豫不决，反而扩大恶劣影响！如果有一件事可以很明显地看出是小张的过错，同事认为经理应该会对他发相当大的脾气，然而经理却只是让他以后小心点儿便原谅了他的过错，为此大家颇感失望。"前有车，后有辙。"再有员工出现过错时，经理也就无法批评犯错误的人了。渐渐地你的刀口越来越钝，最后你会落得谁也不敢批评的下场，继而无法领导下属。所以在需要批评时，就必须大声地批评才行。

在众人面前批评某位下属，其他的下属亦会引以为戒。此即所谓的"惩一儆百"，即借由处置一人来使他人反省。

当场被批评的人，宛如是众人的代表。在任何团体中，皆有扮演被批评角色的人存在。领导者通常会在众人面前批评他，让其他人心生警惕。但是这个角色绝非每个人皆能胜任，必须选出一个个性适合的。他的个性要开朗乐观、不钻牛角尖，并且不会因为一点琐事而意志动摇，如此方能适合此项任务。应避免选用容易陷于悲观情绪或者太过神经质的人。若错误地选择了此类型的下属，往后将带来许多的困扰和麻烦。

虽然你只能对自己的下属批评，但有时你也会遇到必须批评其他单位员工的情况。这不仅越权而且有悖公司的准则，然而相信亦有例外的情形。例如某家服装公司的销售部主任，平时即对采购部科长的应付态度太过懒散颇为不满，但由于对方的身份是科长，因此无法当面予以指责。虽然这位主任曾经与自己的上司——销售部科长讨论过，然而由于上司是位好好先生，因此无法从上司那里得到任何解决的方案。就在思索如何利用机会与对方直接谈判时，分发部的某位员工因未遵守缴交期限而发生问题。营业部主任便借机大声批评那位犯错的员工。他特意在采购部科长面前批评。此时采购部科长并未表示任何意见，然而弊端在不久之后便改善了。

此项技巧采取的就是游击战术，若对下属采取正面攻击时比较麻烦，但是若你本身有理，就不会觉得那么可怕。遇到形式上的反攻时，只需稍微转身便可反击。对于无法与其正面争吵的人，若企图使其认同你的主张，则上述的方法不失为一则妙方。

上司借由批评下属的行为，亦能转换为本身的警惕。你在批评下属"不准迟到"时，自己也绝不可迟到。当你批评因喝醉酒而误事的下属时，自己也不可有喝醉酒的情形发生。对下属的批评，最终受益最多的人或许是自己。因此，你更不应该错失良机，必须谨慎地选择批评的机会。

总之，不能娇纵下属。例如，某上司必须批评下属陈某。然而上司实在无法拉下脸来当面批评，便想尽方法使陈某反省、改过。他做每件事都刻意妨碍到陈某的工作，他认为经由此，陈某的行为应该便会改善。事实上，这位上司的做法毫无意义，无论对其本身或陈某来说，这都只是不愉快的经历而已。

该扮红脸时不妨扮红脸，该扮白脸的时候也不妨扮扮白脸，让下属看看你的不可触犯的一面。


# 该奖一定奖，该罚一定罚


追求快乐、逃避痛苦是人的一种本能。鉴于此，管理制度的设计也分别引入了奖励和惩罚两种手段。奖励是一种激励性力量，

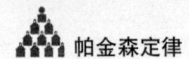
惩罚是一种约束性力量，在奖励和惩罚之间的地带，是领导者纵情驰骋的空间。但是，在近来人性化管理大行其道的影响下，很多领导者十分重视运用奖励制度，冷落了惩罚制度。具体表现在相对于奖励制度，惩罚制度的数量、方式和力度都有减少，甚至有的惩罚制度竟变成了一纸空文，根本得不到执行。这种主动放弃惩罚的做法，无疑是一剂管理上的毒药，日积月累后，其危害不容小视。

奖惩制度的层级应该是这样的：惩罚、不惩罚、不奖励、奖励。换句话说，奖励和惩罚都是相对的，该奖励时不奖励，就相当于惩罚，即隐性惩罚；而该惩罚时不惩罚就相当于奖励，即隐性奖励。领导者一般能看到显性的奖励和惩罚，却看不到隐性的奖励和惩罚。

较多地采用激励性的奖励手段来管理，当然符合人性，这是无可厚非的。但是，这不应该以减少或弱化使用约束性的惩罚手段为前提。两者并不矛盾，而是相辅相成的。领导者只有正确地理清自己的奖惩观，才能在奖惩之际游刃有余，建立合理的奖惩制度，做到赏罚分明。

另外，要想使奖惩的效果更好，一定要做到"赏不逾时"，并在惩罚时注重"热炉法则"。

所谓"赏不逾时"，即一种行为刚刚做出以后，人们对其感触较深，这时即予以表扬和奖赏，刺激较大，激励作用较强。因此，及时奖励是一个重要的方法。这就要求做领导的要积极开动脑筋，多搞些花样，对下属的成绩给予及时多样的奖励。

对违反规章制度的人进行惩罚，必须照章办事。该罚一定罚，该罚多少即罚多少，来不得半点仁慈和宽厚，这是树立领导者权威的必要手段。西方管理学家将这种惩罚原则称之为"热炉法则"——十分形象地道出了它的内涵。

热炉法则认为，当下属在工作中违反了规章制度，就像去碰触一个烧红的火炉，一定要让他受到"烫"的处罚。这种处罚的特点在于：

（1）即刻性。一碰到火炉时，立即就会被烫伤。

（2）预先示警性。火炉是烧红摆在那里的，谁都知道碰触则会被烫。

（3）适用于任何人。火炉对人的"烫伤"不分贵贱亲疏，一律平等。

（4）彻底贯彻性。火炉对人的"烫伤"绝对"说到做到"，不是吓唬人的。

领导者必须兼具奖罚两手，实施起来还要坚决果断。奖赏人是件好事，惩罚虽然会使人痛苦一时，但绝对必要。如果执行赏罚时优柔寡断，瞻前顾后，就会失去应有的效力。

# 宽严适度，惩罚重教不重罚

惩罚一般分为批评、纪律处分、经济处罚和法律制裁四种方式。无论采用哪一种方式，实施中都要讲究方法和艺术。

## 1. 正确处理教与罚的关系，要教重于罚

惩罚不是目的，是为了更好地教育下属和调动其积极性。因此，要以防为主，防惩结合，教惩结合，不能为惩处而惩处。要

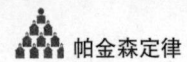

从教育人、挽救人、调动人的积极性的目的出发，把教育与惩罚紧密结合起来。一定要坚持思想教育在先，惩罚在后；要坚持以思想教育为主，以惩罚为辅。实施惩罚时，要"重重举起、轻轻打下"，平时教育从严，处罚从宽，思想批判从严，组织处理从宽，重教轻罚。领导者在惩罚前，如果不预告警示，势必使下属产生无过受罚之感，弄得人心惶惶，进而离心离德。所以，领导者要先教后罚，多教少罚，这样不仅能使犯错误的人减少，而且还能使下属心服口服。

### 2. 正确处理法与罚的关系，要罚前得先制定制度

奖赏是以功绩为依据的，惩罚是以过失为依据的。制度是人们的行为界定的规则，是维护人们正常生活、工作等秩序的手段，也是判定人们过失大小的依据。因而，有制度才有惩罚。没有制度，惩罚就没有标准，也就没有真正的惩罚。所以，领导者在实施惩罚前，必须首先制定有关制度，让下属有明确的行动准则和禁界，以自觉维护正常的工作秩序。然后，方能对违犯者依制度惩处。否则，就不足以服众，难以达到惩罚的目的。

### 3. 正确处理宽与严的关系，要宽严适度

领导者对待犯错误的下属，要像医生对待病人一样宽严相济，根据病情，找出病因，说明其危害程度和严重性。作为一个领导者，要严格掌握惩罚的度。在实际工作中，对违规者一定要具体分析其错误的性质和情节，区别是偶然还是一贯，考察其一贯表现及认错态度，全面地、历史地具体分析有关问题。根据错误的大小、性质及危害程度，区别对待，需经济惩罚的则经济惩罚，该行政处分的要行政处分，对确实作出了各种努力真心实意想把工作做好，但由于种种原因致使工作有些失误的，要从宽对待。总而言之，一

味地过宽或过严，过轻或过重，都会削弱惩罚的效果。过宽，不足以制止不良行为；过严，会造成逆反心理，不仅起不到惩罚的作用，反而会适得其反。领导者对人对事，该宽该严，都不能从自己的主观好恶出发，更不能感情用事。领导者只有铁面无私，从实际出发，宽严公道，才能有效调动下属的积极性。

**4. 正确处理罚与理的关系，要罚后明理**

惩罚兑现之后，不论是行政纪律处分，还是经济处罚手段，都代替不了必要的思想政治工作。有的领导者对下属的不良行为，动不动就以处分、罚款、扣奖金了事，以罚代教，结果造成不良影响，甚至造成对立情绪。必要的处罚作出以后，事情并没有完结，要把思想工作跟上去，具体指出他错在哪里，帮助其查找犯错误的思想根源，让其真正认识自己的错误，使其增强改正错误的决心和信心，并为其改正错误创造条件。

**5. 正确处理罚与情的关系，要情罚交融**

领导者对有过失的部下，也要尊重、理解、关心，要关心他们的实际生活，为其排忧解难，让其充分体会到领导的温暖。但这不能以丧失原则为代价，也就是说既要讲人情味，又不能失去原则性。否则，应处分的不处分，大事化小，小事化了，这样不仅不能使下属吸取教训，引以为戒，还会助长歪风邪气，丧失制度的严肃性和威慑力，降低自己的权威性和号召力。因此，切不可把人情味庸俗化。人情味要讲，原则性更要讲。只有在坚持原则的前提下，人情味才能更有效，更具有教育性和感召力。

# 第7章
## 印加效应：不懂授权，就自己累到倒

历史上，南美洲的印加帝国实行高度而严格的集权统治，即便是一件小事也要请示最高当局。一天，西班牙征服者皮萨罗带领一支168人的分遣队来攻打印加，印加帝国拥有20万军队，但必须经过层层请示才可出兵。西班牙人抓住时机，活捉了印加皇帝，印加帝国战败了。这就是具有相当讽刺意味的印加效应。

印加帝国灭亡的根本原因在于管理方式的错误，这种高成本的管理方式需要高度集权和绝对统治，一旦这个前提发生了改变，就会患上一种集体失能症，给组织带来无法预期的影响。印加效应对企业的管理有一重要启示，那就是"无权不揽，有事必废"。适当的分权管理甚至放权管理，是成功管理的法宝。

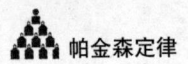 

# 勇于授权，将自己解放出来

为什么授权如此重要？我为什么要努力提高授权技巧？授权有什么好处？

时间管理咨询专家哈喻洛得·泰勒清楚地表示："授权是领导者最重要的组成部分。"管理及领导权威史蒂芬·卡维在他的全美畅销书《高效能人士的七个习惯》中指出："……有效授权也许是唯一且最有力的行为。"以上都表明了授权的价值，但授权有什么益处，以至于有如此大的威力？为什么授权对于有效率的领导者来说如此至关重要呢？

显而易见，授权的益处之一是能节省时间。作为领导者，有很多事需要你去把握和处理，你总会觉得时间不够用，很多事不能及时去做，但如果你能把一部分工作分配给别人，那么时间上的压力会减轻不少。

但如果你只是把工作丢给其他人，却无周全的计划和准备工作，那你的授权尝试就会失败，并且你必须收拾残局。在这种情况下，你反而使自己的时间压力剧增，而不是减轻。因此，在授权一项活动或任务时，最重要的是制订计划和充分准备。

一般来说，担任的管理职位越高，你花在具体事务上的时间越少。取而代之，你要花更多的时间去"计划"，成功的授权可以节省你亲自做具体事务的那部分时间，使你更好地为组织贡献你的力量。

通常来说，在一个组织中，作出决定和执行任务应当由尽可能低级别的职员去完成。这对组织顺利有效地运作是切实可行和必不可少的。

例如，一位文具供应公司的员工如果能够决定订哪种裁纸刀并知道如何下订单，那这个员工不必上司介入就完全可以独立完成工作。他的上司就可解放出来，把精力投入到重要的决策和任务中去。

如果你的员工完全能处理一项任务，你就不应再在这上面花费时间。不然，既浪费时间，又无法给他人提供发展的机会，而且会削弱整个组织的力量。作为领导者，你的职责是培养你的员工，帮助他们建立信心，而不是让他们受挫。所以你应该学会授权。

培养员工应该是每个领导者的基本职责。如果培养员工不是一个组织最基本的信念和行为，那么这个组织就无法长久地生存下去。领导者应该有一位一授权就能马上接受任务的员工。如果没有，就要培训出这样的员工。

授权恰恰是培养员工能力最有力、最有效的方法之一。

授权为员工们提供学习及成长的机会。正确使用授权技巧还能激励他们的进取心，使他们获得工作的满足感。当你将一项重任托付给他人时，你就已表示出对他的信心，这有助于他建立自尊。

如果员工们认为你为他们的成长提供机会，他们可能会被激起斗志，全身心投入到工作中去。他们认为你确实对他们的事业发展感兴趣，而不是只顾你自己。他们会格外努力地去成功地完成你授权的任务。他们希望让你、让他们自己都满意。

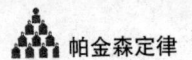

# 善于分权，调动下属积极性

领导者应根据情况，适当分权或授权来调动下属的积极性。授权，用一句通俗易懂的话来说，就是领导者将应属于下属的权力给予下属，对领导者来说，授权是应该掌握的一项基本的领导技能。

授权是一种重要的用人艺术，是分层管理的需要，是成就事业的必要手段。大胆授权对领导者来说，既是必要的，也是有利的，它可以使领导者从琐碎的日常事务中解脱出来，减轻自己的工作压力，专心处理全局性的重大问题。可以提高下属的工作积极性，增强责任心，发挥其特长，提高工作效率，极大地促进企业的发展。因此，领导者在任用人员时要敢于放权，而不要搞权力专制。

我国古代的许多领导者就懂得放权任人。唐玄宗李隆基就是其中一位。他在即位初期，任用姚崇、宋璟等名将名相，其中就很讲究用人之道。

有一次，姚崇就一些低级官员的任免问题向唐玄宗请示，连问了三次，唐玄宗都不予理睬。姚崇以为自己办错了事情，慌忙退了出去。正巧高力士在旁边，劝李隆基道："陛下继位不久，天下事情都由陛下决定。大臣奏事，妥与不妥都应表明态度，怎么连理都不理呢？"唐玄宗说："我任崇为政，大事吾当与决，重用郎使，崇顾不能而重烦我邪？"表面上看，玄宗是在批评姚崇拿小事麻烦他，实际上是放权姚崇，让他敢于做事。

后来姚崇听了高力士的传达，就放手办理事情了。史载，姚崇"由是进贤退不肖而天下治"。

正是因为唐玄宗敢于放权用人，使各级官吏都能充分发挥自己的才能，历史上才出现了著名的"开元盛世"。

授权不只是单纯的表面行动，更要引发个人的责任感，让事情做得好且做得正确。凡是高明的领导者，无不精于授权。

适当的分权管理甚至授权管理，是成功管理的法宝。比如IBM、诺基亚、惠普等企业，管理比较严格，工作流程也比较规范，良好的企业文化使得决策者珍视自己的形象，形成了民主而有效的管理氛围。

# 适当放权，使企业和组织走出困境

1946年，通用食品公司实行的是权力集中的经营，有关制造、销售、市场推销、研究、人事及其他主要工作都受总公司管辖。但是，这种体制越来越不适应广泛的多元化生产。

公司高层领导者发现他们处理的多是一些无足轻重的日常决策，有时在进行决策时还涉及实际冲突，这使他们精疲力竭。这种领导体制严重限制了高层的领导力量。他们都觉得必须建立一种更合理、更有利于发展的体制。

美国通用食品公司的领导者认为必须建立新的领导体系，按照适当性、可控性、带责信任、考绩等原则，重新安排公司在管理方面的人力物力，做到"哪里有行动，哪里就有权"。他们首先采取的，就是使公司的许多工作、产品及市场都改由比较接近第一线的工作人员来做决策。

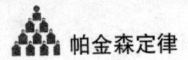
公司领导者对此有一个指导思想，那就是：哪里有行动，哪里就有权。他们的目标，就是把各部门具体的管理责任，放在各部门经理身上，而有关公司的决策、目标和写作的责任，仍然由公司的领导者来承担。

几经分合和权衡，通用食品公司形成了五个经营部门，部门下又设有"策略性商业组"。经过改组，这些部门都能把业务的重心集中到消费市场上来，避免了以前那种消耗和浪费，也使通用食品公司能够以最集中的方式运用它的财力物力来配合业务的增长。在新的领导体制下，各部门总经理参与全盘决策，并对直接投资取得足够利润要分担责任。

重要的是，他们要负责使各部门内的财力、物力得到最佳的运用，并负责采纳部门内"策略性商业组"经理所建议的策略。而各组的经理则要负责维持他们业务的健全而具竞争性的地位，并提供利润。

实行新的管理体制使通用食品公司取得了令同行钦佩不已的经营业绩，通用食品公司已经成为美国著名企业之一。

适当的分权或放权可以使管理工作有比较合理的负担，减少了浪费个人能力并使管理人员不至于把精力用在不该用的地方；培养出一批特殊的管理人员，他们有独立的见解、足智多谋、头脑灵活，给企业和组织决策带来巨大的帮助，更有利于企业和组织的发展。

# 不当"甩手掌柜"，加强授权控制

领导者明确授权之后，主要职责就是进行有效的控制。领导者就要做到牢牢掌握总目标，放手不撒手，对下属应多加指导。

领导者授权的全部目的，就在于激励下属为实现总目标而分担更多的责任。现代的任何组织，无论是企业、事业、商店、学校、机关、团体以及军事单位，都是一个多因素、多层次的有机整体，整体与局部、整体与环境、局部与局部有着密切的联系，任何局部出现偏差都会妨碍整体领导目标的实现。领导者的根本任务是保证整体领导目标的实现。

因此，授权以后的领导者，就要把精力主要放在议大事、掌握全局上，时时综观全局的各个过程，及时掌握变化中的新情况，发现领导决策和执行中出现的偏差、矛盾和问题，并对可能出现的偏离目标的局部现象进行协调、纠正。

下属有了职权之后，计划如何制订，工作如何安排，任务如何完成，派谁去完成，这些都是他们分内的事情，授权者不要再去过问。领导者要过问的是下属的目标能否如期或提前实现。领导者要善于发挥导向作用，根据形势的发展，为下属提供切合实际的观点、方法和措施。要多协商，少强制；多发问，少命令。领导者不要强迫下属做力所不能及的事情，大力支持其工作。

领导者的授权，是让下属分担责任，要放手让他们对各自职权范围内的事进行决策和处理，只有当下属不协调或发生矛盾时，领导者才出面解决。但授权不是让权，授权以后领导者照样负有全部责任，不能撒手不管，任其自流。如果领导者授权是图省事，享

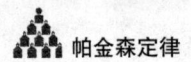

清闲，自己当"甩手掌柜"，那就错了。领导者在其位，就要谋其政，行其权，负其责。

## 分工赋权，权责明确，提升效率

不论是行政机构的治理，还是企业的运营管理，光讲统一领导而不讲分工赋权就没有活力、没有效率。

领导是对全局的领导而不是任何事情都揽入自己的手中，主次不分则会使团体裹足不前。领导带领下属工作更重要的是讲协调，下级有下级应该做的工作，如果领导与下属做好自己的本职工作并相互配合，事业就好办了。而要协调好上下级的关系以及下属之间的关系，则关键是要合理分工、权责明确。

通过分权，使下属有一定的活动空间，同时他又有干好这项工作的义务。每个人都有自己的义务之后，就不会在同一事情上互相推诿，而是权责明确，各司其职，各负其责。

精明的领导总是在统一领导的前提下，把大部分具体的工作让给下属去做，同时还保证使分工负责每项工作的人都有职、有权、有责，以防止分工负责的下属难以行使自己的权利，造成不必要的混乱。由于这一合理的配置，上下各方工作都秩序井然，如流水作业一般，其效率也会显著提高。

分工赋权是一种用人方法。它不仅是一种权力关系，也是一种人际关系，即由此与下级沟通，激发下属的工作热情。授权不同于分权，亦不是大权旁落，而是由上级向下级授予一定责任、权力和利益。这样可以调动起下属的积极性和责任心，有利于下属的锻炼与成长，并利用下属的专长来弥补自己的不足。

分工赋权的另一个意义就是使下属有责任心和积极性，上级把任务分配到自己头上，也就不能不完成。如果完不成也不可能把责任推到他人头上，所以下属首先有责任。另外，通过领导的分工赋权，下属在一定的区域内有一定的自主性，在这种能为己所支配的范围内，个人的进取心就会增强。

分工赋权，在一定程度上避免了员工消极怠工的现象，从而调动每一个员工的积极性，提高工作效率，使企业有更好的发展。

# 第8章
## 苛希纳定律：用最少的人做最多的事

苛希纳定律由西方著名管理学者苛希纳提出，内容是：在管理中，如果实际管理人员比最佳人数多两倍，工作时间就要多两倍，工作成本就多四倍；如果实际管理人员比最佳人数多三倍，工作时间就要多三倍，工作成本就多六倍。

苛希纳定律揭示出在管理工作中会存在人多不负责的现象，而要克服上述现象，就要制定出明确的职务工作规范，合理确定机构人员的人数，明确责、权、利，以彻底杜绝人浮于事、相互扯皮、敷衍塞责现象的发生。

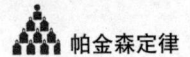 

# 人员最少化，效率最大化

苛希纳定律再简单不过了，它告诉我们：在管理上，并不是人多就好，有时管理人员越多，工作效率反而越差。只有找到一个最合适的人数，管理才能收到最好的效果。

苛希纳定律虽是针对管理层人员而言的，但它同样适用于对组织一般人员的管理。在一个组织中，只有每个部门都真正达到了人员的最佳数量，才能最大限度地减少无用的工作时间，降低工作成本，从而达到效率和利益最大化。

沃尔玛前总裁山姆·沃尔顿为我们提供了一个很好的案例。

作为全球最大零售企业之一沃尔玛公司的掌舵者，山姆·沃尔顿有句名言："没有人希望裁掉自己的员工，但作为企业高层领导者，却需要经常考虑这个问题。否则，就会影响企业的发展前景。"他深知，企业机构庞杂、人员设置不合理等现象，会使企业官僚之风盛行，人浮于事，从而导致企业工作效率低下。为避免这些在自己的企业内发生，沃尔顿想方设法要用最少的人做最多的事，极力减少成本，追求效益最大化。

从经营自己的第一家零售店开始，沃尔顿就很注重控制公司的管理费用。在当时，大多数企业都会花费销售额的5%来维持企业的经营管理。但沃尔玛则不这样做，它力图做到用公司销售额的2%来维持公司经营！这种做法贯穿了沃尔玛发展的始终。

在沃尔顿的带领下，沃尔玛的员工经常都是起早贪黑地干，工作卖力尽责。结果，沃尔玛用的员工比竞争对手少，但所做的事却比竞争对手多，企业的生产效率当然就比对手要高。这样，在沃尔玛全体员工的苦干下，公司很快从只拥有一家零售店，发展到拥有全球2000多家连锁店。公司大了，管理成本也提高了，但沃尔顿却一直不改变过去的做法——将管理成本维持在销售额的2%左右，用最少的人干最多的事！

沃尔顿认为，精简的机构和人员是企业良好运作的根本。与大多数企业不同，沃尔玛在遇到麻烦时，不是采取增加机构和人员的办法来解决问题。相反，而是追本溯源，解聘失职人员和精简相关机构。沃尔顿认为，只有这样才能避免机构重叠，人员臃肿。

在沃尔顿看来，精简机构和人员与反对官僚作风密切相关。他非常痛恨企业的管理人员为了显示自己地位的重要，而在自己周围安排许多工作人员。他认为，工作人员的唯一职责，就是为顾客服务，而不是为领导者服务。凡是一切与为顾客服务无关的工作人员，都是多余的，都应该裁撤。他说："只有从小处着想，努力经营，公司才能发展壮大！沃尔玛能有今天的成功，自始至终地坚持低成本运作这一点功不可没。"

在一个越来越充满竞争的世界里，一个企业要想长久地生存下去，就必须保持自己长久的竞争力。企业竞争力的来源在于用最小的工作成本换取最高效的工作效率，这就要求企业必须要做到用最少的人做最多的事。只有机构精简，人员精干，企业才能保持永久的活力，才能在激烈的竞争中立于不败之地。

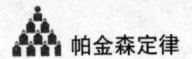

# 人多未必好办事，兵不在多而在精

中国自古以来有"众人拾柴火焰高""人多力量大"以及"人多好办事"等形容人多好处大的词句，但这些并非"放之四海而皆准"的真理。

领导者们应具体问题具体分析，不要盲目应用。尤其在任人问题上，人多未必好办事，人并不在多而在精。

唐太宗李世民，任人就一贯坚持"官在得人，不在员多"的原则。他多次对群臣说："选用精明能干的官员，人数虽少，效率却很高；如果任用阿谀奉承的无能之辈，数量再多，也人浮于事。"

他曾命令房玄龄调整规划30个县的行政区域，减少冗员。唐太宗还亲自监督削减中央机构，把中央文武官员由两千多人削减为643人。他还提倡让精力旺盛、精明能干的年轻官员取代体弱多病的年迈官员。

通过这种方法，朝廷上下全都由能人主持，办事效率大大提高，使得政通人和，出现了繁荣昌盛的"贞观之治"。

相反，太平天国在南京建立政权以后，洪秀全滥封王位，至天京失陷前，封王竟达二千七百多人，造成多王并立，各自拥兵自重，争权夺利的混乱局面，从而致使天京事变的发生，促使太平天国由盛而衰，走向败亡。

社会上这种情况屡见不鲜，即某个官职由一人担任便足以应付，却安排了好几个人。这种现象表面上看是体制问题，实际上是领导者在任人上的严重失误。不用余人是领导者应该严格遵守的原则，否则就会造成机构臃肿，人员繁多，效率低下。

"兵不在多而在精"，领导者们在任人问题上一定要转变观念，杜绝任用庸才、闲人，做到任人唯能、任人唯贤，使团队里的成员个个都是精兵强将。只有这样才能使组织不断进步，企业实现良性循环，破除苛希纳定律的魔咒。

# 因人设事，铲除"十羊九牧"的现象

管理大师德鲁克举过一个例子。他说，在小学低年级的算术入门书中有这样一道应用题："2个人挖一条水沟要用2天时间；如果4个人合作，要用多少天完成？"小学生回答是"1天"。而德鲁克说，在实际的管理过程中，可能要"1天完成"，可能要"4天完成"，也可能"永远完不成"。

有一家企业准备淘汰一批落后的设备。

董事会说："这些设备不能扔，得找个地方存放。"于是专门为这批设备建造了一间仓库。

董事会说："防火防盗不是小事，应找个看门人。"于是找了个看门人看管仓库。

董事会说："看门人没有约束，玩忽职守怎么办？"于是又委派了两个人，成立了计划部，一个人负责下达任务，一个人负责制订计划。

董事会说："我们应当随时了解工作的绩效。"于是又委派了两个人，成立了监督部，一个人负责绩效考核，一个人负责写深度概括。

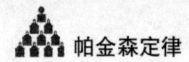

董事会说："不能搞平均主义，收入应当拉开差距。"于是又委派了两个人，成立了财务部，一个人负责计算工时，一个人负责发放工资。

董事会说："管理没有层次，出了岔子谁负责？"于是又委派了4个人，成立了管理部。一个人负责计划部工作，一个人负责监督部工作，一个人负责财务部工作，一个人是总经理，对董事会负责。

一年之后，董事会说："去年仓库的管理成本为35万元，这个数字太大了，你们一周内必须想办法解决。"

于是，一周之后，看门人被解雇了。

这个故事讲的是"苛希纳定律"的现象。这样的例证与分析有很多。企业通常都有一种不因事设人而因人设事的倾向，造成企业机构臃肿、层次重叠、人浮于事、效率低下。其主要表现在：

（1）机构设置过多，分工过细。

（2）人员过多，严重超出实际需要。

这种状况使企业难以摆脱多头管理、办事环节多、手续繁杂的困境，难以随市场需要随时调整经营计划和策略，从而使企业难以培养真正的竞争力。

再来看一个"十羊九牧"的故事。

"十羊九牧"出自《隋书·杨尚希传》："当今郡县，倍多于古。或地无百里，数县并置；或户不满千，二郡分领；县寮以众，资费日多；吏卒又倍，租调岁减；精干良才，百分无二……所谓民少官多，十羊九牧。"

一则统计资料说，一个官吏，汉代管理7945人，唐代管理3927人，元代管理2613人，清代管理911人。我们今天一个干部管理30

人。这些统计数字的可靠性也许值得研究，但官冗之患确实日见其甚了。

苟希纳定律告诉我们：要想铲除"十羊九牧"的现象，必须精兵简政，寻找最佳的人员规模与组织规模。这样的话才能构建高效精干、成本合理的经营管理团队。

# 精兵简政，为组织"瘦身"

苟希纳定律的现象告诉我们：只有缩减不必要的管理人员，才能减少工作时间和工作成本。而唯有精简才能达到这一目的。

那么，如何精兵简政呢？汤姆·彼德斯在一本书中提到了"五人规则"，指的是营业额在10亿美元的企业配备5名管理人员就可以了。对此，他举了总部设在瑞士苏黎世的国际电气工程（ABB）公司的例子加以说明。

ABB公司是生产发电机、机车以及防公害设备的具有世界水准的重型机电设备企业，年销售额为300亿美元。1988年，瑞典的阿塞亚公司和瑞士的布朗·保彼公司合并时，该公司总裁帕西·巴奈彼科将总部原有的1000多人缩减到150人，而且他们几乎都是负责生产一线的管理人员。通常由总部担负的职能，如财务、人事、战略规划等都下放给基层，由分布在不同国家和地区的业务部门自行完成。

该公司还有一个引人注目的地方，就是它拥有5000个"利润中

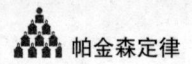 

心"，每个中心平均有50名员工。各中心分别拥有各自的损益计算表、资产负债平衡表，与客户保持直接的业务联系。这种利润中心的最大优势是具有独立性，它可以摆脱各种制约，最大限度地接近市场，为客户提供全面、满意的服务，是一种最能代表顾客需要的企业组织形式。能够与市场保持最紧密的业务运营，可以说是精干的总部的最大优势。此外，它还有很多优点，如决策迅速、便于内部交流，以及对经营资源的分配较为高效。

铲除官僚主义，面对市场变化进行快速反应和决策，对提高员工的工作热情很有帮助。当然，在改革之初，都会伴随着某种阵痛。如ABB公司在将总部上千名员工派往各业务部时，由于人员调动不可避免地涉及迁居等实际问题，也确实产生了某种不稳定和震荡。

建立精干的总部还有利于培养员工的创新意识。大幅度放宽权限后，促进了员工创新素质和能力的提高，打破了过去那种逐级晋升的垂直移动，取而代之的是以水平调动的方式来磨炼员工的创新精神。

这样，ABB公司作为一家大型企业就更能适应未来世界市场的变化。美国通用汽车公司（GM）前任总裁约翰·史密斯说，通用汽车在欧洲的事业取得成功，也正是因为他改变了以往的做法，采取了类似ABB公司精兵简政的策略。

ABB公司的这个经验值得在全世界广泛推广。要想使你的组织更有效率、更有活力，就必须先给你的组织"瘦身"。

苟希纳定律告诫我们：确定责任人的最佳人数，对组织"瘦身"计划的实施和提高企业效率至关重要。

# 确定责任人最佳人数，加强员工责任感

苟希纳定律说明这样一个现象：鸡多不下蛋，龙多不下雨，人多瞎捣乱。要避免这一现象，必须确定责任人的最佳人数，同时加强责任人的责任感。

那么，责任人的数量与责任人的责任感或负责程度有什么内在的联系？我们先来看一个"拉绳实验"。

实验中，被试者被分成2人组、3人组和8人组，各组用尽全力拉绳；然后，这些被试者单独用尽全力拉绳。不管是分组拉绳还是单独拉绳，都用灵敏度很高的测力器分别测量各组和每个被试者的拉力，并进行比较。

测量和比较的结果是，2人组的拉力只是这两人单独拉绳时拉力总和的95%，3人组的拉力只是这3人单独拉绳时拉力总和的85%，而8人组的拉力则降到这8个人单独拉绳时拉力总和的49%。

拉绳实验中出现"1+1小于2"的情况说明：有人偷懒！而且在一起干活的人越多，偷懒的现象越严重！众所周知，人有与生俱来的惰性，单枪匹马地独立干活，干得好或干得差均由自己负责，一般都会竭尽全力。可是当集体一起干活时，由于责任分解到大家身上，每个人的责任相对小了，于是自然而然就会出现偷懒现象。当责任分解到越多人身上，每个人的责任相对就越小，偷懒现象就越严重。社会心理学家研究认为，这是集体干活时存在的一个普遍现象，并将其概括为"社会浪费"。

聪明的美国人把简单的道理总结为：一个人敷衍了事，两个人

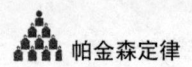

互相推诿，三个人则永无成事之日。这多少有点类似于中国"三个和尚的故事"。

人与人的合作不是人力的简单相加，而是要复杂和微妙得多。在人与人的合作中，假定每一个人的能力都为1，那么10个人的合作结果有时比10大得多，有时甚至比1还要小。因为人不是静止的物，而更像方向不同的能量，相互推动时自然事半功倍，相互抵触时则一事无成。

拉绳实验说明这样一个道理：对某一件事来说，如果是单个个体被要求单独完成任务，责任感就会很强，会作出积极的反应。但如果是要求一个群体共同完成任务，群体中的每个个体的责任感就会很弱，面对困难或遇到责任往往会退缩。因为前者独立承担责任，后者期望别人多承担点儿责任。

"拉绳"实验说明：在主客观条件基本相同的情况下，为完成某一项任务，被落实责任的人数量越少，责任就越容易真正落实，责任人付出的力量就越大，形成的合力也就越大；反之，被落实责任的人数量越多，责任就越不容易真正落实，责任人付出的力量就越小，形成的合力也就越小。简单地说，在主客观条件基本相同的情况下，人越多越不负责，责任人的数量与负责程度和形成的合力成反比。

这深刻地揭示了苛希纳定律的本质。因此，确定责任人的最佳人数是解决苛希纳定律现象的根本方法。

作为领导者，必须克服人多不负责的现象，建立和完善各种科学而严格的责任制。当然，这并不是否认"人多力量大"的存在，不是主张一切工作都只能由一个人负责，也不是主张一切工作的责任人越少越好，而是要以实际情况为出发点，确定责任人的最佳人数。

　　在一个公司和组织中，只有每个部门都真正达到了人员的最佳数量，才能最大限度地减少无用的工作时间，降低工作成本，从而达到效率和利益的最大化。

# 第9章

## 适才适所法则：将合适的人放在合适的位置上

　　适才适所指办事能力与所安排的工作位置或场所相当。适才适所法则是指领导者要按照组织管理的要求、岗位的职能和员工的素质特长，合理地"用兵点将"，根据员工的不同情况，给他们安排最适合的工作，从而既不会埋没、浪费人才，又能使员工得心应手地开展工作。简单地说就是将合适的人放在合适的岗位上。

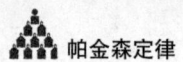

# 发挥人的长处，中和人的短处

人有所长，也有所短。在比较长与短时，应更多地看到人的长处，而不能更多地看到人的短处，特别是不能过分地夸大人的短处。如果一个人的短处成为他的主要方面，那这个人就失去了存在的价值。他之所以没有被消灭，就说明他的长足可以补偿他的短，他的功足可以补偿他的过，并对社会还有益处。

对于领导者来说，用人的决策，不在于如何减少人的缺点，而在于如何发挥人的长处。这就是说，要择人之长而用。世界上没有绝对的好人，或完全的人，只能找到适合某一工作需要的人。因此，只能说他干得最好的是什么，而不能说，他干得最不好的什么。因此，作为一个领导者，其基本天职，就是想人之长，说人之长，用人之长。

假若所用的人没有缺点，其结果只能是平庸之辈。干大事而惜身，见小利而忘义，更谈不上有所大为。这种人只不过是谨小慎微、小心奉上之人，其胸中并无雄才大略，更谈不上为大略而献身。现实告诉我们，才能越高的人，其缺点也就越突出。有高山，必有深谷。

如果抓住部下的缺点不放，则证明他本身就是一位弱者，因为他怕别人之长威胁他的安全。事实并不存在下级之长会威胁上级的安全。因为下级之长会使事业发展，这个功劳会记在领导者名下而被重用；下级之短会使事业受损而使领导受到免职的危险。

用人的目的，在于办事，而不是投自己之所好。人的最特殊的天才，就是尽其所能在一个领域内达到顶峰，但不可能在许多领域都能达到顶峰。

在一个领域内，他可能成为一个有权威的部门专家，但不能在许多部门都成为专家。没有万能之才，只有一技之长的专才，忽视了人的这种卓越性，求其万能，就不是真正的领导者。应该知道，人的一些缺点几乎是不能改变的。

领导者的用人之道，在于发挥人的长处，中和人的短处，使之变得无害。要用一个人的两只手，就要将整个人请到队伍中来。

用人的原则，可以总结为下列几条：

第一，职务的内容应适合普通人的能力，不能搞只有上帝才能做得到的内容要求。

第二，职务的内容应能刺激个人能力，即适当地高于他的能力，对他的能力形成挑战。

第三，平时就考虑某个人能干些什么。

第四，要发扬人的长处，就要容人的短处。

三个臭皮匠，抵个诸葛亮。但如果相互牵制，那三个还不如一个好，因为一个人可以发挥自己之专长。如果搞一个折中方案，结果都不是用人之所长，反而会降低整个队伍的工作效率。

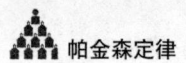 

# 善用人才，"劣马"变成"千里马"

俗话说："三人行，必有我师。"人各有所长，能善用其所长以处事，必可收事半而功倍之效。成功的领导者用人的重要原则之一就是适才适所，也就是说把恰当的人放在最恰当的位置上，这样整个队伍就会有序高效地运转，释放出最大的效能。

一个善于用人、善于安排工作的领导者，在管理上会少出许多麻烦。他对于每个员工的特长都了解得很清楚，也尽力做到把他们安排在最恰当的位置上。但那些不善于管理的人竟然往往忽视这个重要的方面，而总是考虑管理上一些鸡毛蒜皮的小事，这样的人当然要失败。

很多精明能干的总经理、大主管在办公室的时间很少，常常在外旅行或应酬客户。但他们公司的营业丝毫未受不利的影响，公司的业务仍然像时钟的发条机制一样有条不紊地进行着。那么，他们如何能做到这样省心呢？他们有什么管理秘诀呢？没有别的秘诀，只有一条：他们善于把恰当的工作分配给最恰当的人。

金无足赤，人无完人，任何人有其长处，也必有其短处。人之长处固然值得发扬，而从人之短处中挖掘出长处，由善用人之长发展到善用人之短，这是用人艺术的精华之所在。在用人问题上不能机械从事，要根据具体情况灵活使用人的长和短，要根据工作需要和被用人才的素质，将每个人的才能发挥到最大值。

一个善于用人的领导者，首先在于他能够根据队伍中每个人的才能和长处，把他们放在最能发挥其长处的岗位上，并着意为他们提供能够发挥才能的各种条件。

其次他善于取长补短，把队伍中各种不同类型的专才或偏才组织成互补结构。任何人才，只有在集体中各显其长，互补其短，才能充分地发挥其作用。通常人才类型当中，有的高瞻远瞩、多谋善断、具有组织和领导才能，称为指挥人才；有的善解人意、忠诚积极、埋头苦干、任劳任怨，称为执行人才；有的公道正派、铁面无私、熟悉业务、联系群众，称为监督人才；还有的思想活跃、知识广博、综合分析力强、敢于坚持真理，称为参谋人才；等等。这些人，如果一个个孤立起来看，几乎都是"偏才"，但一经合理组合，各展所长，就成了"全才"。

由此可见，合理使用人才，可以使"劣马"变成"千里马"；反之，则可能使"千里马"变成"劣马"。高明的领导者不仅善于用人之长，而且能够容人之短；不仅能容人之短，而且能化短为长，使各类人才创业有机会，做事有舞台，发展有空间。

领导者的首要任务，就是选用合适的人，做合适的事。队伍能否高效运转，管理工作能否圆满完成，关键因素就在于人。

# 优化组合，建立精干的人才队伍

人无完人，各有所长，各有所短，只有通过优化组合，将队伍中每个人的特长发挥到极致，才能人尽其才，物尽其用，从而获得完美共生。

李嘉诚说过："大部分的人都会有长处和短处，好像大象的食

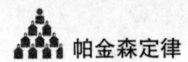

量以斗计，蚂蚁一小勺便足够。各尽所能，各取所需，以量才而用为原则；又像一部机器，假如主要的机件需要500匹马力去发动，虽然半匹马力与500匹相比小得多，但也能发挥其一部分的作用。"

有人曾说，在李嘉诚庞大的商业王国中，只要是人才，就能够在企业中有用武之地。是的，李嘉诚及其所委任的中层领导都明白这个道理。李嘉诚说，就如同在战场，每个战斗单位都有其作用，而主帅对每一种武器的操作未必比士兵纯熟，但最重要的是首领却非常清楚每种武器及每个部队所能发挥的作用——统帅只有明白整个局面，才能做出出色的统筹并指挥下属，使他们充分发挥自身的长处以及取得最好的效果。

在集团内部，李嘉诚彻底摒弃家族式管理方式，完全按照现代企业管理模式进行运作。除此之外，他还精于搭建科学高效、结构合理的企业领导班子队伍。李嘉诚深知，企业发展在不同阶段有不同的管理和人才需求，只有适应这样的需要，企业才能突飞猛进，否则企业就要被淘汰出局。

在李嘉诚组建的公司高层领导班子里，各方面人才都十分齐全。有人曾如此评论："这个领导班子既结合了老、中、青的优点，又兼备中西方的色彩，是一个行之有效的合作模式。"

当然，用人所长，并不是对人的短处视而不见，更不是任其发展，而是应做具体分析、具体对待。有些人的短处并不能直接定义为缺点，因为它是和某些长处相伴相生的，它是长处的一个侧面。

这类"短处"不能简单地用"减去"消除，只能暂时避开，而关键还在于怎么用它。用得得当，"短"亦即长。俄国作家克雷洛夫有一段寓言说，某人要刮胡子，却害怕剃刀太锋利，就去搜集了一批钝剃刀，结果却什么都解决不了。

在一个人的身上，其才能有长也有短，用人就要用其长而不责其短。对待偏才，更应当舍弃他的不足之处而用他的长处。一位优秀的企业领导者如果能懂得趋利避害，用人之长，避人之短，那在他管理之下，队伍中必定人人可用，人人能出成果，企业则兴旺发达，无往而不利。

一个工程师在开发新产品上也许会卓有成就，但他并不一定适合当一名推销员；反之，一个成功的推销员在产品促销上可能会很有一套，但他对于如何开发新产品可能会一筹莫展。如果领导者识人不清，让这位工程师去负责推销，而让推销员去负责产品开发，那结果可想而知。所以领导者如果在决定雇用一个人之前就能详细地了解此人的专长，并确认这一专长确实是公司所需的话，用错人的悲剧也就可以避免了。

# 别把飞机引擎装在拖拉机上

马云说过："办公司不是要找最优秀的人，而是要找最合适的人。波音747的引擎是很好，但如果你配的机器是拖拉机，发动引擎就会爆炸。"

1999年，马云融资100万美金。有了钱他首先想到的就是请人，去世界500强请人。结果他请来的负责营销的副总裁，第一个月跟他谈市场预算的时候，说今年需要1200万美金，还说以前最少要花2000万美金。马云总共才融了100万美金，实在没办法，最后只好

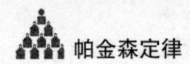

又请他离开了。就是这件事让马云认识到，"办公司不是要找最优秀的人，而是要找最合适的人"。

创业是一件非常美妙而又充满痛苦的事情，也是一件严肃的事情，选择合作伙伴一定要非常谨慎，创业要找最合适的人。对于企业而言，衡量人才是否优秀的唯一标准是他是否符合企业的发展需要。从作业要求的角度说，匹配的就是人才。理性的用人标准是不被人才的光环所诱惑，而是紧紧扣住"企业发展需要"这根弦。

1999年9月，阿里巴巴网站建立起来了，马云立志要使之成为中小企业敲开财富之门的引路人。10月，阿里巴巴获得以高盛牵头提供的500万美元风险资金，马云立即着手的一件事情就是，从香港和美国引进大量的外部人才。

马云对外宣称："创业人员只能够担任连长及以下的职位，团长级以上全部由MBA担任。"当时，在阿里巴巴12个人的高管队伍成员中除了马云自己，全部来自海外。

接下来几年，阿里巴巴聘用了更多的MBA，包括哈佛、斯坦福等学校的MBA，还有国内大学毕业的MBA。但是，阿里巴巴请来的很多业界高手们，却严重"水土不服"。他们总是讲得头头是道，但结果干起来全错！后来这些MBA中的95％都被马云开除了。

马云后来回忆道："我跟北大的张维迎教授辩论，首先我承认我水平比较差，95％的MBA都被我开除掉了，难道他们就没有错吗？怎么可能95％都被我开除掉？肯定有错。因为这些MBA一进来跟你讲年薪至少十万元，一讲都是战略。每次你听那些专家跟MBA讲得是热血沸腾，然后做的时候你都不知道从哪儿做起。"

错误让马云明白，公司当时的发展水平还容不下那样的人。那些职业经理人管理水平确实很高，就如同飞机引擎一样，但是将飞机的引擎装在了拖拉机上，最终还是飞不起来。

后来在阿里巴巴有这样一句名言，"让平凡的人做不平凡的事，充分调动他们的积极性跟潜能"。马云不断说，我考三次大学没有考上，一定很平凡，如果你们觉得我今天是成功的，那每个平凡的人都能成功。可以说，阿里巴巴现在的成功离不开这一用人理念：找到最合适的人才，放在最适合的位置。

作为领导者，要有知人善任的能力，要能够识别队伍中每一个员工的能力，根据员工自身的能力和专业学识，将其放到与其中能力相匹配的岗位上，既不能大材小用，也不小材大用，以便为企业带来最大的效用。

# 将恰当的人放在最恰当的位置上

企业是由人组成的生命体，企业的生命在于活力，企业活力的源头是人。企业根据规模和发展需要决定用人数量。企业里每个人的知识、技能、性格、特点不尽相同。实践告诉我们，经营管理好的企业，对员工的特点、能力和性格了如指掌，做到适才适所，人的潜能得到充分发挥，价值得以实现，企业活力迸发。一些经营管理不好的企业，往往用人不当，或大材小用不能充分发挥人的潜能，或小材大用，让不会干事、不想干事的人身居要职，贻误战机和事业发展。

世界"经营之神"松下幸之助提出，企业运用人才的原则主要是合适，小材大用，大材小用，都不是理想的用人准则，唯有适才专用，才能使人的作用发挥到极致。松下电器总是按照生产经营管理的要求和员工的素质特长，合理地"用兵点将"，根据员工的不同情况，给他们安排最适合的工作，从而既不会埋没、浪费人才，又能使员工得心应手地开展工作。1918年松下刚开始创业时，公司的规模很小，到松下店里来工作的人，学历都很低，但他们必须热情肯干的人。10年以后，松下做得比较大了，开始网罗学历高的人才，否则员工不适合工作需求。松下规定，各部门和事业部必须以寻求适合经营管理状态的人才为原则，知识、技能必须胜任，前提条件是热情、积极、主动、肯干，不具备这个素质的人，学历再高、技术再强也不用。

世界优秀企业都把人力资源开发和管理作为战略转型的支撑。企业人才生成的最显著标志是在实践中培养人才。在实践中培养人才的最基本原则是将合适的人放在合适的岗位上，真正做到适才适所。

适才适所法则的实施，需建立和完善激励机制。激励包括物质激励和成长激励。成长激励的关键是把握员工的成长发展需求，把这种需要引导成为他内在的驱动力量，并激发这种力量释放到企业发展所需要的本职工作上，让平凡的人做出不平凡的业绩，让企业与员工共发展、共成长。

适才适所法则实施的前提是领导者必须对企业员工的知识、能力、特点了如指掌，做到适才适所，使其内在的潜力得到充分的发挥。在企业，人才与岗位的能级对应不是动态的，随着社会经济和科技的发展而发展，随着企业生产的发展而发展，人的才能和精力随着年龄的增长和所受教育、锻炼的积累而演变。领导者必须按照内外情况的不断变化做出相应调整和更换，以实现能级的动态对应。企业人才的专长和素质各异，同样类型的岗位内部还有高、中、低等不同等级的要求。同类专长和素质的人才，其能力又有大小、强弱之区别。

因此，使用人才不仅要注意岗位和人才的不同质的方面，还要注意其量的方面，要选择相应能量的人去承担，这样既使各种人才的效能得到充分发挥，又使整体工作获得最佳效益。

# 第10章
## 奥格威法则：任用强人，让自己更强

美国奥格威·马瑟公司前总裁奥格威指出：如果领导者永远都只启用比自己水平低的人，那我们的公司将一步步沦为侏儒公司；如果我们都有胆量和气度任用比自己更强的人，那我们就能成为巨人公司。这被管理学界人士称为奥格威法则。

奥格威法则说明：如果你所用的人都比你差，那么他们就只能做出比你更差的事情。一流的人才才能造就一流的公司，领导者要敢于任用能力比自己强的人才，这样事业才能做大做强。

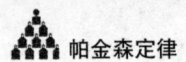

# 公司要强大，人才须强大

　　现在什么最贵？人才！在竞争如此激烈的时代，一个公司要想立足于世界经济之林，靠的是什么？就是人才。有了人才，什么都会有。没了人才，什么都没了。

　　美国的钢铁之父卡内基就是一位杰出的领导。他曾经说过："即使将我所有工厂、设备、市场和资金全部夺去，但只要保留我的技术人员和组织人员，四年之后，我将仍然是'钢铁大王'。"这就说明了人才的重要性。卡内基之所以能成为钢铁大王，与他知人善任、重视人才是分不开的。他本人对于冶金技术一窍不通，但他总能找到精通冶金工业技术、擅长发明创造的人才为他服务。比如，世界知名的炼钢工程专家之一比利·琼斯，就终日位于匹兹堡的卡内基钢铁公司埋头苦干。

　　卡内基虽然已去世多年，但他的碑文却留给世人以永恒的回忆。在卡内基的墓碑卜赫然地刻着："一位知道选用比他本人能力更强的人来为他工作的人安息于此。"对于这样的评价，卡内基可谓是实至名归。

　　北京某著名品牌电脑公司的一位老总也曾说过："现在我们跟其他对手竞争，表面上看是比产品，实际上是在比同一岗位上人的素质。从渠道到销售，从高到低各个环节，就看我们每个职位上的那个人是否能胜过对手公司同样职位上的人。我这个老总把销售理念分析得再清，讲得再明白，如果不能落实到我们在各地的销售人员的行动上，那能起多少作用呢？"这位老总说出了很多领导者的无奈和清醒。他们知道，当今时代最重要的就是人才，企业、公司拼的也是人才。没有人才，拿什么和人家竞争。什么事都是人做的，能力强的人往往能在最短的时间内很好地完成任务，而能力弱的人不仅要花更多的时间，而且说不定还完不成任务。

所以，一个公司要想发展壮大，就必须要雇佣尽可能多的人才。一个领导者要想高效地开展工作，快速地实现企业和组织目标，就必须敢于任用那些能力突出的人才。

# 不一定什么都懂，但一定要懂得用人

人才是一种动力，是企业、公司不断向前发展的动力。动力的马力有多大，企业、公司就会跑得多快。

像《三国演义》中的刘备就深知其理。他"桃园三结义"得到关羽、张飞，以义理感动赵云，"三顾茅庐"请出诸葛亮。他名下本无一寸土地，但是正因为有了这些将帅之才而终于雄霸一方。当时财大气粗、兵多将广的袁绍因为不识人才的重要性，最终不仅败光了领地，连性命也输了去。这就是识才与不识才的区别。一个知人善任的领导，即使起初一无所有，只要他有了人才，就会很快

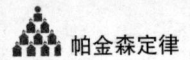 

创造出奇迹。

好的产品、好的硬件设施、雄厚的财力，自然是一个公司不可或缺的资源，但真正支撑这个公司的支柱还是人才。因为一个公司光有财、物，并不能带来任何新的变化，只有具有大批的优秀人才才会有发展的潜力，因此人才是一个公司最重要、最根本的资源。如果想要使公司充满生机活力就必须选贤任能，雇请一流人才，敢于用比自己能力强的人。

一流的人才才能造就一流的公司。懂得这个道理的领导，才会是个好领导。领导不一定什么都懂，但一定要懂得用人，有容得下人才的胸襟，这样他的事业才能做大做强。

正如奥格威法则所说的：如果领导者只启用比自己水平低的人，那公司将一步步沦为侏儒公司；如果领导者有胆量任用比自己更强的人，那公司就能成为巨人公司。

## 抛弃嫉贤妒能心理，大胆任用强人

成功的领导者都有一种特长，就是善于借用人才，并能够用比自己更强的人才，激发更大的力量。这是成功者最重要的、最宝贵的优点。

任何人如果想成为一个企业的领袖，或者在某项事业上获得巨大的成功，首要的条件是要有一种鉴别人才的眼光，能够识别出他人的优点，并在自己的事业道路上利用他们的这些优点。

如果你所挑选的人才与你的才能相当，那么你就好像用了两个人一样。如果你所挑选的人才尽管职位在你之下，才能却超过你，那么你用人的水平真可算得上高人一等。

在知识经济时代，领导者更需要有敢于和善于使用强者的胆量和能力。在企业内部激励、重用比自己更优秀的人才，就能让企业变得越来越有活力，越来越有竞争力。

在现实生活中，我们常看到这样的现象：有些领导人把别人的进步当成是对自己的威胁，对能力和学识超过自己的同事百般诋毁，说得一无是处。有的部门经理十分害怕优秀的人加入自己的团队，甚至害怕优秀的人被招聘到同一职能的其他团队，实在难不住时就孤立、不合作，直到把后者排挤到别的部门去，以除后患。但是，只用比自己能力低的人并保持这样状态的公司还能进步吗？还有什么机会建设自己的领导力呢？这种狭隘的做法既损害了公司的利益，也损害了自己的长远利益。

作为一名团队领导，要想做到善用比自己强的人，就必须克服嫉贤妒能的心理。有些领导人之所以不用比自己强的人，除了怕这些人难以驾驭，甚至会抢了自己的饭碗之外，主要还是嫉贤妒能的心理在作怪。总以为自己是领导，自己应该是水平最高的，各方面都应该比别人高上一筹。因此，遇上比自己能力强、本领大的员工时就萌生妒意，采取种种办法压制他们。

对于团队领导者来说，嫉贤妒能无异于是自掘坟墓。我国著名的文学家韩愈曾在他的传世名篇《师说》中讲道："师不必贤于弟子，弟子不必不如师。闻道有先后，术业有专攻。"这其中的道理同样适合于团队中领导和员工之间，你不必样样都要比你的员工强，你要做的就是要用好这些比你强的人。

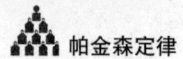

# 敢用强人，用好强人，成就大业

一个好的领导者，要有专业的管理知识，要有良好的文化素养，但更要有广阔的胸襟和用人的智慧。敢于用比自己能力强的人，才能让自己的团队越来越强，事业越做越大。

西汉的开国皇帝刘邦出身于市井混混，正如他自己所言："运筹帷幄之中，决胜千里之外，吾不如子房。镇国家，抚百姓，给馈饷而不绝粮道，吾不如萧何。连百万之军，战必胜，攻必取，吾不如韩信。"但就是这样一个"不才之人"却打败了楚霸王项羽，统一了天下，开创了千秋霸业。他之所以能有如此成就，也如他所言："此三人者皆人杰也，吾能用之，此吾所以取天下也。"刘邦的角色是个领导者，对他最大的要求就是要善于用人，把各种人才放在他们适合的位置上，更重要的是要懂得欣赏人才、不妒才，敢于用比自己能力强的人。从这方面来说，刘邦是个很好的领导者，他之所以能得天下，也正是由于他能驾驭能人为其所用；而他的对手项羽，虽有万夫不当之勇、地动山摇之慨，但终因心胸狭窄，容不得比自己强的人，而无颜见江东父老。

一个人能做一个好的领导，能干一番大的事业，不在于你自身的能力有多强，而在于你能否吸引和接受比自己强的人为自己工作。

所谓奥格威法则，其核心讲的就是要知人善用。知人善用有两层意思：一是要知道这个人的专长，然后把他放在合适的位置让他发光放亮，尽显专长；另一层意思是知道某人的某些能力比自己强，敢于让他担当重任，信任他，不妒才。

也就是说，作为一个领导者，最要紧的不是各种技能，而是胸怀！善于选择人、任用人来补齐自己的短处，形成一个团体。即便一个才智出众的人，也无法胜任所有的事情，所以唯有知人善任的领导者，才可完成超过自己能力的伟大事业。在当今这个知识经济的时代，领导者更需要有敢于和善于使用比自己强的人的胆量和能力。只有这样，事业才会蒸蒸日上。

# 第11章

## 史提尔定律：合作是一切团队繁荣的根本

史提尔定律源自英国前自由党领袖史提尔的一句话："合作是一切团体繁荣的根本。"

一个人的力量是有限的，众人的力量是无穷的。史提尔定律告诉我们，只有大家携起手来，团结合作，才能拥有胜利的果实。领导者要善于凝聚具有不同特质的人才，引导他们朝着同一个方向以同样的速度前进，为集体的共同目标而团结奋战。

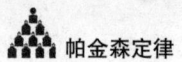

# 同心山成玉，协力土变金

在远古的时候，上帝在创造着人类。随着人的增多，上帝开始担忧，他怕人类的不团结会造成世界大乱，从而影响他们稳定的生活。

为了检验人类之间是否具备团结协作、互助互帮的意识，上帝做了一个试验：他把人类分为两批，在每批人的面前都放了一大堆可口美味的食物，但是，却给每个人发了一双很细很长的筷子，要求他们在规定的时间内，把桌上的食物全部吃完，并且不许有任何的浪费。比赛开始了，第一批人各自为政，只顾拼命地用筷子夹取食物往自己的嘴里送，但因筷子太长，总是无法够到自己的嘴，而且因为你争我抢，造成了食物极大的浪费。

上帝摇了摇头，为此感到失望。

轮到第二批人了，他们一上来并没有急着要用筷子往自己的嘴里送食物，而是大家一起围坐成了一个圆圈，一个人先用自己的筷子夹取食物送到坐在自己对面人的嘴里，然后，由坐在自己对面的人用筷子夹取食物送到他的嘴里。

就这样，每个人都在规定时间内吃到了整桌的食物，并丝毫没有造成浪费。第二批人不仅仅享受了美味，还获得了更多彼此的信任和好感。

上帝看了，点了点头。

于是，上帝为第一批人的背后贴上五个字，叫"利己不利人"；而在第二批人的背后也贴上五个字，叫"利人又利己"。

从上述故事中，我们看出团队合作往往能激发出团体不可思议的潜力，集体协作干出的成果往往能超过成员个人业绩的总和。正所谓"同心山成玉，协力土变金。"

一个团体，如果组织涣散，人心浮动，人人自行其是，甚至搞"窝里斗"，何来生机与活力？又何谈干事创业？在一个缺乏凝聚力的环境里，个人再有雄心壮志，再有聪明才智，也不可能得到充分发挥！只有严密有序的集体组织和高效的团队协作，才能克服重重困难，甚至创造奇迹。

因此，不管是领导者还是一般员工，在团队活动中，一定要看到团队力量是巨大的。


# 分工协作，调动员工积极性


分工与协作有如鸟之双翼，一个公司能够以优秀的姿态不断发展壮大和完善与分工协作体系是分不开的。众所周知，鸟儿要飞得更高更远，它的双翼一定是平衡的，假设一翼很强大，它可以一时飞得很高，却很难飞得长远。一个企业追求的是不断成长，同时也会考虑得更长远。

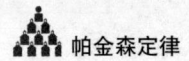 

很久以前在一座山上有一座寺庙。一天，住持方丈派两个小和尚分别去管理山下两座已经废弃了的寺庙。第一个小和尚生性敦厚，待人热情，总是笑脸相迎，所以来的人非常多，但是他其他的事都不管，没有认真地管理账务，依然入不敷出，寺庙看起来也破破烂烂的，没有整理，时间久了，渐渐没有人来了。而第二个小和尚虽然管账是一把好手，很注重寺庙的整洁，但成天阴着个脸，太过严肃，搞得人越来越少，最后香火断绝。有一天住持方丈来到山下检查他们的情况时，发现了这个问题，住持方丈想了想，于是就将他们俩先放在同一个庙里，由第一个小和尚负责公关，笑迎八方客，于是香火旺。而第二个小和尚铁面无私，锱铢必较，则让他负责财务，严格把关。最后，在两人的分工合作中，庙里一派欣欣向荣景象，香火十分旺盛。

从这个故事中我们看出，寺庙的景象欣欣向荣，香火十分旺盛，跟两个小和尚分工合作分不开的，可见分工合作的重要性。

对于一个企业来说，分工明确，使员工清楚自己的工作内容和职责，这样会一定程度上调动员工的积极性，而且会锻炼员工的独立能力与分析能力。协作相对来说要密切，通过大家的沟通交流使部门间有紧密的联系，同时用一定的激励体制来使大家的协作有力。

分工与协作协调一致，就会最大程度地减少工作中的瓶颈因素。公司部门间分工有致，部门领导间能够紧密联系，是与公司的良好分工协作分不开的。

# 培养员工团队意识，强化团队执行力

团队的概念最早是由沃尔沃公司和丰田公司引入生产过程的，当时可以算得上是新闻热点而轰动一时。如今，如果哪个公司还没有在工作中引入团队的概念，那么，这个公司估计也可以成为新闻热点了。团队的产生是为了完成需要多种技能、经验的工作，这些工作是一个人或者一群没有组织的人无法完成的。

要组建一支在竞争激烈的商场上有战斗力的团队，光有人才和好的工作计划是不够的，最重要的是还需要一种无形的力量——团队意识。团队是否有较高的运行效率，是否能在任何条件下稳定、灵活、反应迅速地完成各种难度较大的工作，取决于团队的组成人员是否具有团队意识。也就是说他们是否能把自己融入团队中，是否在团队协同工作的任何时候都将团队的利益放在首位，是否能在做好本职工作的同时将有效的配合放在重要位置。

团队意识，是团队协作工作中非常重要的一部分，是团队执行力的保障。如果一个团队什么人才都具备，也有很完善的工作计划，但是团队成员缺乏团队意识，那么再简单的团队协作也很难完成。

要培养团队成员的团队意识，团队的领导是关键。领导者需要有意地、经常性地用各种方式来培养下属的团队意识。首先，团队成员的追求目标要一致，这是团队的方向和推动力，让团队成员愿意为实现这个目标贡献力量。其次，团队成员要敢于承担责任，即清楚地知道有些责任是所有团队成员共同承担的。领导要在平时的工作中让团队中的每个成员明白："大家是一个整体，团队成功也

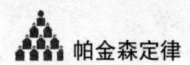

就代表着个人成功，团队失败也就代表着个人失败。每个人都是团队的一分子，都担负着不可推卸的责任，每一项工作都关系着整个团队的工作是否能按照既定的轨道进行。"

# 消除不和谐因素，建设高效团队

随着社会分工越来越细化，个人单打独斗的时代已经结束，团队合作提到了管理的前台。团队，作为一种先进的组织形态，越来越引起企业的重视，许多企业已经从理念、方法等管理层面着手进行团队建设。

不过，有些情况出现在团队建设中，发出了隐秘的危险信号，如果不被重视容易蒙蔽团队领导的眼睛，团队建设将会前功尽弃。

团队建设需要领导从以下三个方面努力：

一是提防精神离职。

精神离职是在企业团队中普遍存在的问题。其特征为：工作不在状态，对本职工作不够深入；团队内部不愿意协作，行动较为迟缓；工作期间无所事事，基本上在无工作状态下结束一天的工作。精神离职产生的原因大多源自个人目标与团队远景不一致，也有个人工作压力、情绪等方面的原因。

二是避免出现超级业务员。

个体差异导致了超级业务员的出现，其特征为：个人能力强大，能独当一面，在团队中常常以超常的业绩领先于团队其他成员，组织纪律散漫，好大喜功，目空一切，自身又经常定位于团队功臣之列。超级业务员的工作能力是任何团队所需要的，但领导必须对超级业务员进行控制，避免其瓦解团队。

三是瓦解团队中的非正式组织。

团队是全体成员认可的正式组织。非正式组织短期内能够很好地进行日常工作，能够提高团队精神，调和人际关系，实施假想的人性化管理。这在团队发展过程中，基本上向有利于团队的方向发展，但长期而言，却会削弱正式组织的影响力，从而降低管理的有效性，致使工作效率低下，优秀团队成员流失。领导必须瓦解团队中的各种非正式组织，让所有的员工融入企业的工作中来。

# 第12章

## 磨合效应：完整的契合=完美的配合

在群体心理学中，人们把新组成的群体相互之间经过一段时间磨合而产生更加协调契合的现象，称之为磨合效应，也称耦合效应、互动效应、联动效应。这一效应来自：新装机器通过一定时期的使用，把摩擦面上的加工痕迹磨光而变得更加密合的现象。

磨合效应启示我们：要想达到完整的契合，须双方都做出必要的割舍。领导要善于调节部门与部门之间、员工和员工之间的矛盾，消除误会，解决分歧，倡导合理竞争，实现组织整体目标。

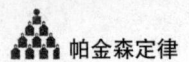

# 协调个性，合理搭配，梯次配备

人会有很多个性，领导者在用人过程中应注意下属们的个性，安排合适的工作，使组织成为一个统一团结、不可拆散的整体。

新车买回来第一步就要磨合，磨合的好坏直接关系到汽车以后的使用。磨合对新车来说是一个后期的"制造"过程，车中的零件都是相互配合使用的，新车刚出厂，新零部件由于制造误差等原因，它们之间的相互配合并没有一个非常默契的状态，比如活塞和缸体之间的配合间隙并没有达到最佳状态，新车经过一段时间磨合后，这些边边角角会变得平滑。磨合好的车辆磨合期过后整体车况都会更上一层楼，比如车辆比刚开始有劲，更省油，更容易操控！人和组织也一样，磨合的好，双方都会更上一层楼，否则会下一层楼。

就一个组织来说，上下级之间、成员之间的矛盾和分歧仍是经常发生的。这并不足为奇，黑格尔曾精辟指出：矛盾是无时无刻不在的。协调和排解这些矛盾，就是领导者的工作重点之一。

让我们首先关注一下组织中易产生矛盾的几个因素：一是利益的冲突。集体有集体利益，个人有个人利益，虽然说其根本利益是一致的，但就现实情况而言，大多数人还是极关注自己的个人利益的，工资、奖金、福利处理不好，极易产生矛盾；二是观点分歧。

这种矛盾虽不由个人恩怨引起，但若不能及时排解，也极易变成人与人的对立；三是感情冲突。有些个人素质差，或出言不逊，或盛气凌人，招人反感，最终引起敌视。当然，引发矛盾的因素还有很多，但这不是本章重点，不再多说，现在把主要精力放在矛盾的解决上。

追本溯源，这些矛盾的产生主要是由于领导者在用人方面出现了偏差。在一个组织中，领导与下属不是一对一的关系，而是一对多的关系，这就要求领导不仅要重视个人，而且要重视整体，尽量做到协调用人。比如，一个课题需要由几个人来同时完成，那么在选用人才时不仅要注意人专其才，而且应尽量选取志趣相投的人一起工作，这样就减少了产生矛盾的隐患。另一方面，就是不要闲人，一个人能完成的工作就绝不安排第二个人，这一点也是极其重要的。如果人有其责，那么就没有更多的心思放在钩心斗角上了。

用人协调，并不是说一味地当和事佬，哪儿出现险情就去哪儿救火，而是要合理用人，设法使组织保持一种科学而合理的结构，各种人才比例适当、相得益彰，实现相互补充、取长补短。

用人协调，一般来说要从以下几点入手：一是注意年龄结构；二是注意志趣相投；三是注意健全制度。

就年龄方面而言，一般来说老年人深谋远虑，经验丰富，但思想易保守固执；中年人思想开阔，成熟老练，但创新精神锐减；青年人思想解放，敢想敢干，但缺乏经验和韧性。如能将这三个年龄段的人才合理搭配，梯次配备，就可以充分发挥各年龄段的自然优势，获得理想的整体效果。

当然这里说的合理搭配并不是要搞平均主义，总体比较而言，较为合理的方式是两头小、中间大，即以中年人为主，兼用老年人

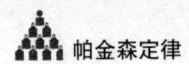 

丰富的经验和青年人敏锐的创新精神。实践证明这种结构具有较强的耐压性，也能够保持工作的稳定性。

就志趣而言，不妨以马克思、恩格斯二人为例来说明。马、恩之所以具有非凡建树，不仅在于超人的天才，而且在于他们俩实现了知识、才能、性格上的互补。马克思善于思考观察，分析问题透彻，老成持重，从不讲未经深思熟虑的观点；恩格斯思维敏锐，性格外向，性子急，能及时捕捉到新思想、新事物。马、恩在一起工作，恩格斯能帮马克思捕捉灵感和信息，而马克思又能使恩格斯的认识得到深化和提高，二人相互配合，共同做出了伟大的贡献，堪称典范。这对今天的用人者来说，是有不少可借鉴之处的。

最后，健全制度。没有规矩，无以成方圆。领导用人，如果一味靠感情用事，即使是再高明的领导恐怕也无法完全解决矛盾。制定一套健全的用人制度，则是实现协调用人、优化结构的保证。

# 化解冲突和矛盾要有策略

组织中的矛盾和冲突无时不在，无处不有。领导者的一大任务就是解决组织中的矛盾和冲突。解决矛盾和冲突的过程，便是建立威信的过程。领导者的思想水平、个性品质、领导才能、领导艺术，恰恰就体现在这里。

## 1. 把隔阂消灭在萌芽状态

上下级交往，贵在心理相容。彼此间心理上有距离，内心世界不平衡，积怨日深，便会酿成大的矛盾。把隔阂消灭在萌芽状态并不困难，方法如下：见面先开口，主动打招呼；在合适的场合，适时地开个玩笑；根据具体情况，做些解释；对方有困难时，主动提供帮助；多在一起活动，不要竭力躲避；战胜自己的"自尊"，消除别扭感。

**2. 允许下属尽情发泄委屈**

上级工作有失误或照顾不周，下属便会感到不公平、委屈、压抑。不能容忍时，他便要发泄心中的牢骚、怨气，甚至会直接地指斥、攻击、责难上级。面对这种局面，上级领导最好这样想：（1）他找到我，是信任、重视、寄希望于我的一种表示；（2）他已经很痛苦、很压抑了，用权威压制他的怒火无济于事，只会激化矛盾；（3）我的任务是让下属心情愉快地工作，如果发泄能令其心里感到舒畅，那就让其尽情发泄；（4）我没有好的解决办法，唯一能做的就是听其诉说。即使话很难听，也要耐着性子听下去，这是一个极好的了解下属的机会。如果你这样想并这样做了，你的下属便会平静下来。第二天，也许他会为自己说过的话或当时偏激的态度而找你道歉。

**3. 敢于主动承担失误责任**

领导者决策失误是难免的，因决策失误而使工作出现不理想的结局时，便须警惕，这是一个关键时刻。上下级双方都要考虑到责任，都会自然产生一种推诿的心理。领导者把过错归于下属，或怀疑下属没有按决策办事，或指责下属的能力，极易失人心、失威信。面对忐忑不安的下属，上级领导勇敢地站出来主动担责，紧张的气氛便会缓和。如果是下属的过失，而上级领导却责备自己指导不利，变批评指责为主动承担责任，更会令下属敬佩、信任、感激。

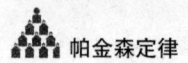 

### 4. 要做到得饶人处且饶人

假如下属做了对不起你的事，不必过于计较。在他有困难时，还不能坐视不管。领导者对下属应做到：尽力排除以往感情上的障碍，自然、真诚地帮助、关怀；不要流露出勉强的态度，这会令下属感到别扭。不能在帮助的同时批评下属。如果对方自尊心极强，他会拒绝你的施舍，非但不能化解矛盾，还会闹得不欢而散。得饶人处且饶人，很快忘掉不愉快，多想他人的好处，才能团结、帮助更多的下属，他们会因此而重新认识你。

### 5. 发现下属的优势和潜力

为上级者，最忌把自己看成是最高明的、最神圣不可侵犯的，而下属则毛病众多、一无是处。对下属百般挑剔，看不到长处，是导致上下级关系紧张的重要原因。领导者研究下属心理，发现他的优势，发掘他自己也没有意识到的潜能，肯定他的成绩与价值，便可消除许多矛盾。

### 6. 要排除自己的嫉妒心理

人人都讨厌别人嫉妒自己，都知道嫉妒可怕，都想方设法要战胜对方的嫉妒，但唯有战胜自己的嫉妒才最艰巨、最痛苦。下属才能出众，气势压人，时常提出高明的计策，把领导者置于次等重要位置。这时领导者越排斥他，双方的矛盾越尖锐，最终可能导致两败俱伤。此时，领导者只有战胜自己的嫉妒心理，任用他，提拔他，任其发挥才能，才会化解矛盾，并给他人留下举贤仕能的美名。

### 7. 在必要时候可采取反击制胜

对于不知高低进退的人，必要时领导者必须予以严厉的回击。和蔼不等于软弱，容忍不等于怯懦。优秀的领导者精通人际制胜的策略，知道一个有力量的人在关键时刻应用自卫维持自尊。唯有弱者才没有敌人，凡是必要的交锋都不能回避。在强硬的领导者面前，许多矛盾冲突都会迎刃而解。伟人的动怒与普通人的区别，在于是理智地运用它。

### 8. 要战胜自己的刚愎自用

出于习惯和自尊，领导者喜欢坚持自己的意见，执行自己的意志，指挥他人按自己的意愿行事，而讨厌"你指东他往西"的下属。上下级出现意见分歧时，上级用强迫的方式要求下属绝对服从，双方的关系便会紧张，出现冲突。领导者战胜自己的自信与自负，可用如下心理调节术：（1）转移视线、转移话题、转移场合，力求让自己平静下来；（2）寻找多种解决问题的方法，分析利弊，让下属选择；（3）多方征求大家的意见，加以折中；（4）假设许多理由和借口，否定自己。

# 倡导互助风气，维护合理竞争

各部门领导之间在强调自己工作的地位和作用时，不能贬低而要同样肯定其他部门的地位和作用。工作的配合与支持不能仅是单向的企求，而应成为双向的给予，并用以取代"鸡犬之声相闻，老死不相往来"的自我封闭状态，以及"各人自扫门前雪，休管他人瓦上霜"的狭隘做法。

各部门领导之间互相支持，是圆满完成组织工作任务的前提。一个各部门之间相互支持的组织，才是有力量的组织。各部门之间

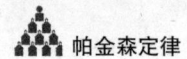

的相互支持，体现在具体的工作之中。当某一部门工作遇到困难和阻力时，主动去排忧解难，在人、财、物方面给予帮助，是一种支持；当某一部门工作取得了成绩或出了问题，给予热情的鼓励或提出诚恳的批评，也是一种支持；当某一部门与其他部门发生矛盾，不是置之不理而是出面调解，帮助消除误会、解决矛盾，更是一种支持。各部门之间的相互支持，是避免冲突、消除矛盾和友好相处的重要原则。

由于各部门在组织系统中处于不同的地位和具有不同的功能，部门之间不但具有共同的利益和目标，而且还具有各自不同的利益和目标，因此必然存在竞争。组织内各部门的地位差、功能差，既反映了相应的权利和义务，也反映了相应的责任和贡献。这是组织系统各部门在协作过程中存在竞争的客观基础。在组织内部，竞争是一种最活跃的因素和力量，具有使组织系统不断发生变化的功能。这种功能既可以使组织系统发生进步性变化，使组织的作用充分发挥出来，也可以使组织系统发生破坏性变化，造成组织系统不稳定，产生结构内耗与功能内耗。合理竞争要求部门之间形成一种正常的竞争关系，最大限度地发挥积极性和创造性，努力实现组织系统的整体目标。

在合理竞争中，既反对封锁信息、相互拆台、制造矛盾，也反对满足现状、不思进取、得过且过，特别应反对的是那种不择手段、尔虞我诈的倾轧和竞争。

组织系统部门之间出现矛盾冲突时，如果涉及范围小，则可以采取"协商解决法"，即由相互冲突的部门彼此通过协商解决冲突。协商时双方都要把问题摆在桌面上，开诚布公，摆出各自的观点，阐明各自的意见，把冲突因素明朗化，共同寻找解决途径。如果冲突涉及面大，可采用"仲裁解决法"，即由第三者出面调解进行仲裁，使冲突得到解决。这是部门之间经过协调仍无法解决冲突时才使用的方法。这里要求仲裁者必须具有一定的权威性，最好是冲突双方都比较信任的，或者社会和法律认可的，否则可能仲裁无效。

不过，不管用何种方法解决，领导者在此过程中必须保持公正与正直，像天平一样不偏不倚。

# 打造彼此谦让、一团和气的团队

任何一个组织或团体在长时间的对内对外关系中必然会产生误解和矛盾。

作为一名现代领导者能否充分学会运用协调与沟通的技巧，消除误解和矛盾，对外取得理解和支持，对内使本部门成为一个坚强团结的战斗整体，已成为衡量其领导成功与否的重要标准之一。

在一个单位或部门，人们对某项任务或某个问题在利益和观点上不一致是常有的事。有时甚至双方会剑拔弩张、面红耳赤，搞到十分紧张的地步。

有人估计，领导者要花上20%左右的时间来处理各种冲突，但这并不能证明领导上的无能或失败。冲突在人际关系中是固有的、不能回避的，必须予以适当地处理，方能形成"人和"的气氛。

这需要领导者运用调停纠纷和处理冲突的技巧，协调各方在

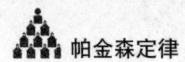

认识上的分歧和利益上的矛盾。那么如何来处理纠纷、冲突和分歧呢？说来并没有现成的公式可循，不过，领导者能不能成功地处理冲突主要取决于三个因素：

一是领导者判断和理解冲突产生原因的能力。

二是领导者控制对待冲突的情绪和态度的能力。

三是领导者选择适当的行为方式来处理冲突的能力。

具体来说，解决冲突，保证人和的方式一般可以采取"彼此谦让"的方式。

"彼此谦让"的协调方式，就是迫使争执双方各自退让一步，达成彼此可以接受的协议。这是调停纠纷、解决冲突最常见的办法。这种解决办法，关键在于找准协调双方的适度点。无论调停政治纠纷，还是解决日常工作和生活上的冲突，要使双方团结起来共同行动，就不能采取偏袒一方和压制另一方的做法，而应该运用"彼此谦让"方式解决问题。

# 打破所有隔阂，化阻力为动力

行政机构和企业就像人的机体，必须血脉畅通，才能有效地运营。然而在其运营过程中，往往会产生一些隔阂，使行政机构和企业的运营效率大为降低。其中最为常见的隔阂有三种：上下级之间的隔阂、部门之间的隔阂和部门内部的隔阂。这是行政机构和企业运营的关键问题所在。

上下级之间的隔阂是行政机构和企业里面最常见的症结，究其产生的原因，可归结为三点：

一是目标传递不明确。许多主管在向下属布置工作时，往往是三言两语就"交待完毕"，然后就要求下属"赶快照办"，导致下属在不能完全明白任务目标的情况下，硬着头皮按自己的理解甚至是想象做，其绩效当然是不如人意的。于是上司责难，下属委屈，隔阂因此而生。二是上司对自己的角色定位有误解。不少上司把自己看成是下属的监察者，于是他们的主要工作是给下属挑毛病，有些上司甚至还以挑出下属的毛病显示自己的高明。这样，上司与下属之间就对立起来，隔阂也就不言而喻。三是上司对下属的评价或者建议过于主观。在上司与下属的沟通里，有不少这样的情况，上司不明其中的底细，但却给出很主观的指示，并要下属绝对服从，这必然会让下属感觉上司是"坐着说话不腰疼"，产生厌恶之情，隔阂也渐深。

要解决上下级之间的隔阂问题，需要对症下药。首先，上司有让下属明确目标的职责。上司在布置完任务之后，最好让下属马上讲一讲他对目标的理解，印证下属是否已经正确理解了任务的目标。其次，上司应正确看待自己和下属的关系。上司是一个"教练"而不是一个"监察者"，关键的问题不仅是找出下属的错误，更重要的应是善于帮助下属改正错误，应用更有效的方法进行工作。再次，上司切忌"乱指挥"。在没有了解情况之前，上司必须学会三缄其口；在给下属指示之后，上司还要给下属反馈的机会；在发现自己的意见偏颇的时候，还能自我否定。

部门之间的隔阂主要来自对其他部门工作的不了解，行政机构和企业内部缺乏合理的沟通交流的平台。实践证明，适当的工作轮

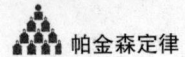

换可以解决这个问题。短期的工作轮换能使员工身体力行地感觉到其他部门的辛劳，能从真正意义上达到"换位思考"，这对于促进行政机构和企业部门之间的理解有非常重大的作用。同时。这种工作轮换对促进部门之间的有效合作同样意义重大。经历过跨部门的工作或者培训之后，员工对其他部门的工作流程、工作方式都会有比较深刻的理解，进而明确其他部门提出来的要求，部门间的合作也变得更加默契、更为有效。

部门内部的隔阂主要源于部门内部好的经验无法共享，新人上手的时间太长，部门整体效率不高。解决这个问题的最好办法，是设计一个业绩奖酬体系。该奖酬体系使整个部门变成一个利益的共同体，从而防止员工将个人的利益凌驾于企业利益和顾客需求之上。

在行政机构和企业组织的运行过程中，往往存在两种力量，促进向上的助力与阻挠上进的阻力。助力通常是积极、合理、自觉、符合经济效益的力量；反之，阻力多半是消极、负面、不合逻辑、情绪化、不自觉等心理因素。阻力多半来自上下级之间、部门之间、部门内部的隔阂。

不设法消除阻力，只一味增加推力，就仿佛施力于弹簧上，终有一天引起反弹。领导者要时刻关注组织之间的隔阂，配合利人利己的动机、设身处地的沟通技巧与集思广益的整合工夫，方可消除隔阂、破解阻力，甚至可化阻力为助力，使整个组织呈现互动或平衡的状态，形成良性的运转。

# 第13章
## 搭便车理论：剔除组织中的"南郭先生"

　　搭便车理论由美国经济学家曼柯·奥尔逊于1965年发表的《集体行动的逻辑：公共利益和团体理论》一书中提出。其基本含义是不付成本而坐享他人之利。

　　成语故事"滥竽充数"中的南郭先生就是搭便车者的祖师爷。南郭先生不会吹竽，却混进了宫廷乐队。虽然他实际上没有参加乐队合奏这个"集体行动"，但他表演时毫不费力的装模作样仍然使他得以分享国王奖赏这个"集体行动"的成果。

　　"搭便车"现象无疑会打击组织中其他员工的工作积极性，这种现象存在得越严重，对员工工作的积极性打击就越大。领导者要通过实施各种措施，不给那些投机取巧的员工有"搭便车"的机会，消除组织中的"搭便车"现象。

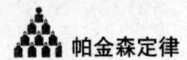

# 不劳而获——小猪等着大猪跑

猪圈里有两头猪，一头大猪，一头小猪。猪圈的一边有个踏板，每踩一下踏板，在远离踏板的猪圈的另一边的投食口就会落下少量的食物。如果有一只猪去踩踏板，另一只猪就有机会抢先吃到另一边落下的食物。当小猪踩动踏板时，大猪会在小猪跑到食槽之前刚好吃光所有的食物；若是大猪踩动了踏板，则还有机会在小猪吃完落下的食物之前跑到食槽，争吃到另一半残羹。

猪会采取什么策略？答案是：小猪将选择"搭便车"策略，也就是舒舒服服地等在食槽边；而大猪则为一点残羹不知疲倦地奔忙于踏板和食槽之间。

原因何在？因为，小猪踩踏板将一无所获，不踩踏板反而能吃上食物。对小猪而言，无论大猪是否踩动踏板，不踩踏板总是好的选择。反观大猪，已明知小猪是不会去踩动踏板的，自己亲自去踩踏板总比不踩强吧，所以只好亲力亲为了。

上述现象告诉我们，谁先去踩这个踏板，就会造福全体，但多劳却并不一定多得。在行政组织和企业中，很多人都只想付出最小的代价，得到最大的回报，争着做那只坐享其成的"小猪"，于是，有一些人成为不劳而获的"小猪"，而又另一些人则充当了费力不讨好的"大猪"。

对于组织或团队而言，如果每个人都想做"小猪"，却不想付出劳动，不愿承担起义务，最后将导致每个人都无法获得利益，整个团队绩效低下，工作无法开展。

如果员工互相之间没有合理良性的竞争关系，则大家很容易因为某个共同点站到一起结成同盟，并且互相影响，一些不良的情绪会被夸大并在同盟中传播，在传播中又会因互相的倾诉而加深感触，进而影响到队伍的和谐和稳定。

长此以往，员工因精力被分散自然也会影响到工作。而领导者假如没有很好地安抚情绪并解决问题，则这种没有竞争而产生的合力会将矛头指向领导者，并最终上升到组织的结构层面。此时情绪爆发的结果可能就是消极对抗导致工作千疮百孔的混乱局面，队伍已经名存实亡。

## 改变规则，不给"小猪"搭便车机会

"小猪等着大猪跑"的现象是由于故事中的游戏规则所导致的。规则的核心指标是：每次落下的食物数量和踏板与投食口之间的距离。

如果改变一下核心指标，猪圈里还会出现同样的"小猪等着大猪跑"的景象吗？试试看。

改变方案一：减量方案。投食仅为原来的一半分量。结果是

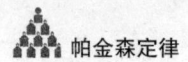

小猪大猪都不去踩踏板了。小猪去踩，大猪将会把食物吃完；大猪去踩，小猪也会把食物吃完。谁去踩踏板，就意味着为对方贡献食物，所以谁也不会有踩踏板的动力了。

如果目的是想让猪们去多踩踏板，这个游戏规则的设计显然是失败的。

改变方案二：增量方案。投食为原来的一倍分量。结果是小猪、大猪都会去踩踏板。谁想吃，谁就会去踩踏板。反正对方不会一次把食物吃完。小猪和大猪相当于生活在物质相对丰富的"共产主义"社会，所以竞争意识不会很强。

对于游戏规则的设计者来说，这个规则的成本相当高（每次提供双份的食物）；而且因为竞争不强烈，想让猪们去多踩踏板的效果并不好。

改变方案三：减量加移位方案。投食仅为原来的一半分量，但同时将投食口移到踏板附近。结果呢，小猪和大猪都在拼命地抢着踩踏板。等待者不得食，而多劳者多得。每次的收获刚好消费完。

对于游戏设计者，这是一个最好的方案。成本不高，但收获最大。

每一个企业的团队中或多或少存在一些喜欢偷懒、投机取巧的"小猪"式的员工，如果对他们的行为不闻不问、不加制止，将会危害整个团队，使得整个团队工作最终无法开展。

"搭便车"的根源是一种投机心理，一方面，投机者抱着"就算我不做，总会有别人做"的想法碰运气；另一方面，在集体行动中，一个人到底出了多少气力往往难以考证，无形中给"搭便车"者提供了机会。

但是，搭便车的人多了，总体效率必然降低，甚至会损害集体利益，出现所谓的"搭便车困境"。因此，安排任务时不妨针对个人、按劳分配，不给"搭便车"提供机会。就像齐湣王那样，让乐师一个个独奏，此时，习惯"搭便车"的南郭先生只能逃之夭夭了。

# 适度施压，让"小猪"们跑起来

一只猎狗一不留神掉进动物园的老虎笼子里，围观的人都以为猎狗死定了。然而，出人意料的事发生了，人们看到的是威风凛凛的猎狗，步步进逼，不可一世；而"凶猛"的老虎却是一味退缩，流露出恐惧的神情，雄风不再。

猎食是老虎的求生本能。为了在恶劣的环境和激烈的竞争中存活下来，老虎必须不断提升猎食的技能。因而在人们的印象中，老虎就是凶猛的代名词。但是，把它放在动物园，经过长时间的饲养，却连只本来是其爪下物的猎狗，老虎都害怕了。

优越的环境不是适合每个人的，领导者要明白的一个道理是：人才是"逼"出来的。要想消除团队中的"搭便车"现象，作为领导者，必须运用你掌握的权力，对那些偷懒的员工适当施加压力，让他们跑起来，充分发挥潜能，从而使投机取巧的"小猪"变成努力工作的"大猪"，把人人塑造成独当一面的干将。

## 1. 创造机会，磨炼人才

公司中的下属一般各司其职，但有时未必是各尽其用，若某某是块做部门经理的料，而你只任他为秘书，势必会影响他积极性及能力的发展。因此，主管要多创造一些机会，让下属都可有机会一

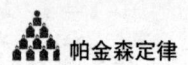
试，从中择优，这样才会达到人才利用效率的最大化。

### 2. 施加压力，逼出人才

有些下属精力充沛，没有压力，就会满足现状，不思进取，成绩平平，时间一长，必会惰性大发，懒散成性，影响整个公司的效率和干劲。对这样的部下，一定要施加压力，用掉他的过剩精力，一来可以提高公司效率，二来可以满足部下个人的成就感，一石二鸟。

### 3. 注意适度施压

人不是机器，再能干的人也有一定的生理和心理承受力，若一味施压，不求适度，那么必会过犹不及，不能达到提高效率的目的，又要落个"暴君"的恶名，不但搞臭了自己的名声，又压垮了一员大将，得不偿失。

# 裁减冗余人员，激发员工自动"踩车"

不论国企、民企或是外企，还是行政组织中，总会存在各种各样的小团体。而每一个团体都代表了一部分人的利益，因此不可避免地会产生冲突。

很多人强调团队精神，比如　个足球明星总是强调离开队友他就不会有那么出色的表现。而在实际工作中，团队的成功或失败会掩藏单个员工的表现，从而削弱员工的积极性。比如很多人在一艘船上划船，有人会想，既然我不用承担自己行为的全部后果，那我就少出一点力，而本来拼尽全力承受痛苦的员工不能得到全部的好处，他也会少用一点力。这样便造成许多划船者未尽全力，从而使整艘船的速度低于正常水平。这个道理说明，进行整个团队的绩效管理尽管有利于团队的协同合作，但会造成因"搭便车"而带来的产量损失。

要解决这个问题，领导者在管理过程中需要多花费些时间，减少利益团体成员的数量，尽量针对每个员工个体实施奖惩措施。把个体的奖惩和团体的奖惩结合起来，以便为公司和组织创造更多的利益。

具体来说，领导者可以运用以下几项措施，来刺激团队中每一个成员的工作动力：

（1）激发部下的工作士气，利用奖赏、以身作则来激励部下，让他们产生工作的激情。

（2）授予工作，设定目标的方式恰当。如果简单地对员工说"你们必须在三天内做成某件事"，员工会感到茫然。如果把工作的界限明确地定出来，让员工们明白"五个人三天完成多少数量的工作即可"，这样一来，通过目标的细化，大家都感到任务能够完成。于是大家的心里就只想快快把它完成。

（3）编制得当，适才适所。设置几个层次的管理体系，不同的人有各自的工作，每人负担的责任有大小，奖惩也有差别，大家就会尽力去把工作做好。

（4）工作的指导明确而有规则。每个工人都知道自己的任务是什么，都有人监督他们的行动，大家无法偷懒怠工、偷工减料，工作自然就完成得又快又好。

（5）以高额奖金诱发部下的干劲。运用各种打动人心的办法，使人人都奋发工作，不敢懈怠，这样，工作自然可以高速完成。

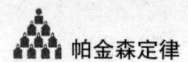 

　　领导者应该深刻地观察员工心理和工作中的各种问题，把握住工作分配的关键点，要明确每个人应该做什么，不应该做什么，有些工作是必须合作才能完成的，但在合作中也要有明晰的分工。

　　任何一个任务的背后都隐藏着与员工休戚相关的利益，员工们由于处于被动地位，有时候不能想到这些利害关系，领导者就必须冷静地为他们分析利弊，让他们意识到做好工作的必要性，从而自觉地努力工作，确保任务的完成。

# 多管齐下，杜绝"搭便车"现象

　　搭便车现象造成的危害非常大，严重影响人的积极性，最后使得每个人都不愿意为集体的利益而努力，从而使得集体利益受损，每个人的利益受损。

　　那么，如何才能有效消除给组织中更多员工积极性的调动带来负面影响的"搭便车"现象？经研究有以下几种方法：

　　**1. 建立一"坑"多"树"的岗位竞聘机制**

　　岗位设置可有可无，岗位没有竞争，岗位的重要性就无从凸现，日子久了，员工在岗位上混日子"搭便车"现象就会滋生蔓延，进而影响到其他员工工作积极性的施展。打破岗位长期垄断，实施定期竞聘，是消除"搭便车"现象的一剂良方。

　　**2. 建立良性竞争机制**

　　如果能在公司平台的基础上，通过多个方面、多种制度建设来形成一系列的良性竞争机制：如表扬、警告、扣（发）奖金、综合评定等等。也不必是金钱的奖励：休假或者累积积分达到某种程度可以在时限内行使某项权利等。建立不同的沟通渠道，如有效投诉及建议也可以累积积分等。总而言之，让大家在这种制度内工作，逐渐领悟到公司的理念、公司的用人要求，这样坚持实行下去，一定会改观公司的面貌。

**3. 通过科学有效的激励手段，培养和激发员工努力工作的积极性**

内源性动机是基于员工对工作本身的责任、兴趣和热爱，这种情况下，即使外在鼓励手段不足，员工也会积极地完成工作任务；外源性动机是员工为了求得外部物质利益或迫于完成工作任务而做的工作。两种动机是互补的，必须结合起来才会对员工的行为产生推动作用。

**4. 建立工作汇报制度**

在现实工作中，工作汇报往往成了重点岗位人员的专利，而忽视了其他长期没有工作汇报的岗位员工钻空子"搭便车"现象。

工作汇报的形式是丰富多样的，可以是大家围拢在一起，听听你一个阶段来的工作开展情况；也可以把你的阶段工作完成情况上传到公司的网站上，让大家都看得见。人人都来汇报工作了，没有工作内容的人就会紧张起来，进而行动起来。"搭便车"现象自然就会失去滋生的土壤。

# 第14章
## 螃蟹效应：强化执行力度，根除窝里斗现象

螃蟹效应描述的是，用敞口藤篮来装螃蟹，一只螃蟹很容易爬出来。多装几只后，就没有一只能爬出来了。不因为别的原因，就因为相互扯后腿的缘故。

螃蟹效应在组织机构和企业管理中的表现是，员工与员工之间、员工与老板之间，因为个人利益而出现的明争暗斗。各成员因为个人利益，相互排挤与打压，最终导致的只能是组织的崩溃和企业的做不大、做不强。领导者要做好协调工作，努力避免成员之间的内耗，塑造团结协作的企业文化。

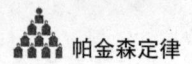 

# 互相拆台——从螃蟹效应看企业内讧

为什么在行政机构或企业中普遍存在螃蟹效应呢？概括起来，原因主要有以下几点：

**1. 人难免有自私心理**

这种自私心理导致了主观倾向，我们总认为自己比别人怎么样，特别是能力相近的人，在职场中总不愿意别人比自己混得好。这种自私心理是引发螃蟹效应的首要因素。

**2. 与同龄人相比，人总是很好强**

这种好强心理让我们谁也不会服谁，并总想在某些方面超越我们的竞争对手，于是相互间总会形成牵制，有形和无形的争斗就展开了，螃蟹效应也就应运而生。

**3. 人才的聘用制度不健全**

许多企业和政府部门的人才聘用制度不科学，导致合适的人不能进入合适的岗位，许多有能力的却得不到晋升，而一些专攻权术的人却能平步青云，这是螃蟹效应产生的客观根源。

**4. 权力和责任的不对等**

出现螃蟹效应，还在于权力和责任的不对等，权力大、职位高，有时承担的责任反而小了，所以心理上大家都向往权力，都想往上爬，于是一只螃蟹想爬上去，其他的螃蟹总会想办法去阻挠。

### 5. 团队缺乏协作的文化氛围

文化层面是企业的灯塔，是一个企业的灵魂，引导着整个企业的有机体不断发展。企业文化的作用还体现在将整个团队的注意力集中到一个方向，各方面力量得到整合，从而出现1+1>2。如果不能从战略层次上建构企业文化，员工意识就会短浅，不会在长期的企业发展中实现个人的发展，而转而进行螃蟹争斗，从眼前的、身边的更容易实现利益的道路上行走。

# 无休止的内斗让组织失去活力

钓过螃蟹的人或许都知道，竹篓中放了一只螃蟹，必须要记得盖上盖子，多钓几只后，就不必再盖上盖子了，因为这时螃蟹是爬不出来的。因为当有两只或两只以上的螃蟹时，每一只都争先恐后地朝出口处爬。但篓口很窄，当一只螃蟹爬到篓口时，其余的螃蟹就会用威猛的大钳子抓住它，最终把它拖到下层，由另一只强大的螃蟹踩着它向上爬。如此循环往复，无一只螃蟹能够成功爬出篓。

"螃蟹效应"是一种组织伦理的反映，进而表现为不道德的职场行为。其主要特点是，组织成员目光短浅，只关注个人利益，而忽视团队利益；只顾眼前利益，而忽视持久利益，相互内斗，进而整个团队会逐渐地丧失前进的动力，如此，便会出现1+1<2，而且随着"1"增加到N个，最终的能量"和数"会远小于N，从而最终

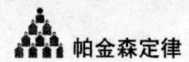

失去生命力。这恰如封建社会里各利益集团之间的互相倾轧一样，最终导致朝纲败坏，王朝没落。

组织中也存在着这样的现象，但一般不表现为单个人之间的内斗，因为组织中的权力毕竟不比官场，只是职责的体现，单个的力量过于薄弱，而是结成朋党，以部门之间或几个团体之间的力量进行内斗。

这样的企业一般是有过早期的辉煌，产品在市场上处于垄断地位，一些领导者便昏了头脑，不去思考组织的未来发展战略，而是热心于内部之间的争权夺势，于是企业会在内耗中失去活力，走向瘫痪，趋于衰败。具体表现为以下几方面：

（1）小人、庸人当道，为巩固自己的地位，他们对贤能者进行排挤、打压、迫害，使整个团队里只存在差于自己及听自己话的人。

（2）激励机制与企业文化落后或不健全，使贤能者被同化而缺乏改革进取意识。

（3）不患寡而患不均的平均主义意识作用，眼红他人优秀而自己平庸，出现不配合或玩釜底抽薪的动作。

（4）墨守陈规的保守主义者，将平衡与稳定视作第一要务，怕有人打破平衡会产生其他影响而限制进取创新。

（5）自私自利者为满足自己的欲望，不惜踩着别人的肩膀往上爬，做出损人利己或损人不利己的事情。

# 倡导协作文化，根除窝里斗现象

行政组织或是企业中一旦出现螃蟹效应，就会出现成员之间互相拖后腿、互相排挤、互相拆台、明争暗斗的不良现象，造成人浮于事、人人不求上进、团队成为一盘散沙的局面，造成组织和企业的严重内耗，丧失生机和活力，直至瘫痪。

领导者必须高度重视螃蟹效应，采取各种有效措施预防和杜绝螃蟹效应的产生，把人心凝聚成一股绳，使组织内呈现人人相互帮助、相互支持、团队协作、追求进步的气象。

### 1. 倡导和弘扬协作的团队文化

"人"字一撇一捺，靠的就是相互支撑，有了相互支撑，才可能形成协作，使团队形成一种合力。因此，要从大环境去倡导协作文化，引导员工在互帮互助中携手前行，这样受益的是团队中的所有个体，并最终实现团队的利益最大化，个人则依托团队的力量得到更好的发展。

### 2. 树立明确而远大的目标

"创业难，守业更难"说明了在创业时团队有明确的远景目标，团队成员的目标能形成一致，而守业则容易形成窝里斗，大家会为了各自的利益相互牵制。因此，发展才是硬道理，因发展能为团队成员带来新的机会，并可增加全新的岗位，拓展了团队成员的成长空间，使团队成员的目标不再局限于仅有的岗位上。

### 3. 建立健全用人制度

科学的用人制度不但能聘用到适合团队发展的人才，而且能构筑团队良性的环境。让"板凳来决定脑袋"是可悲的，把一个人放

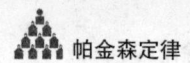 

在不适合的位置，无论如何也不会为团队带来效益，反而让适合的人感到沮丧，最终的结果是伤害了群体的感情，同时损害了团队的利益。因此，建立健全用人制度，将合适的人放在合适的岗位，形成能上能下的聘用制度，让"螃蟹"们都能感到公平，他们才不会相互牵制。

### 4. 让权力和责任能够对等

权力大了，相应地责任也应加大，让团队成员把权力视作一种责任，而不是地位的象征。谁爬到前面，谁就要有能力和有责任引领团队走出困境，这样才能使团队的其他成员相互推着朝前走。如果你爬出篓子后，却不想承担引领者的角色，其他的螃蟹是不会信服的，这样他们必然拖你的后腿，让你爬不上去。

### 5. 用唐僧的团队组合来消除"螃蟹效应"

当出现了"螃蟹效应"，可用唐僧的团队组合来消除其影响，通过人力资源的合理调配，将孙猴子们配置在不同的岗位，各尽其才。全是一群唐僧或一群孙猴子，这样的团队个体看起来非常强大，但整体却难于运作，可能谁也管不好，因其更容易形成窝里斗的现象，因大家谁也不服谁。

# 软硬两手抓，强化公司的执行力

相互牵制的螃蟹永远爬不出一尺竹篓，内斗不断的组织和企业难逃长不大、做不强乃至一朝崩盘的命运。

领导者应该避免螃蟹效应，通过硬的制度和软的文化两个方面来建设良好的组织和企业文化，倡导团队精神，企业才能得到更好的发展。

组织和企业文化建设或者说执行力建设主要有以下特征：设立目标，建立系统；领导重视，从上到下推行；发动员工，全员参与；循序渐进，稳步推进；针对目标，定期督查。

了解了执行力建设的特征，我们就可以按照这种特征展开工作：

第一，成立以主要领导为负责人的工作小组。

工作小组要对企业急需解决的执行力问题进行梳理，整理出组织和企业执行力改善的近期、中期、远期目标，建立执行力规划体系。

第二，领导要高度重视，带头按照组织和企业的执行力要求去做。

领导要带头进行广泛宣传，把这些要求传递到中层，再由中层传递到员工，一级带动一级，一级负责一级，从上到下，层层推进。

第三，树典型，创建"品牌团队"。

要充分认识抓典型的重要性，善于深入实际发现典型，把那些体现组织和企业文化、反映组织和企业精神、代表组织和企业形象的先进个人和群体树立起来，作为学习的榜样。通过广泛开展"争先进，创一流"活动，树立一个蓬勃向上的良好风气。充分发挥典型的示范作用和带动效应。

第四，抓培训，提高执行能力。

必须把培训工作当成兴企方略的重要举措来抓，要坚持从实际出发的原则，既要立足当前，又要考虑长远；既要看到一般员

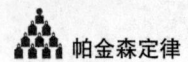
工的岗位需要，又要想到专业人员的知识更新。做到有计划，分层次进行。

第五，建制度，保证执行力的有效行使。

搞好制度建设是做好一切工作的重要保证。要建立有效的考核评价体系，切实把执行率和执行结果作为对个人、集体的考核评价及奖惩的主要依据。同时，还要建立起有效的监督机制，通过稽核检查、宣传舆论等渠道的监督，确保政令畅通、执行无误。

# 当好"头蟹"，率领"群蟹"同舟共济

员工如蟹，经常也是互相牵制，互相拉后腿，就看不得别人比自己厉害，很多时候采用互相打压、互相排斥、互相攻击的行为，久而久之，这样的组织和企业就是一群没有战斗力的"蟹群"。

看过《加勒比海盗3》的人估计还能记住那群白色的螃蟹，成千上万的白螃蟹替杰克船长把黑珍珠号托到海边。这小玩意组合起来的力量是那么大，如海水般波涛汹涌，完成不可思议的任务。

企业组织的管理，如管理螃蟹，会产生白螃蟹组合效应，还是互相拉腿效应，取决于两人条件：

首先是企业的领导倡导什么文化，是共同发展、积极竞争还是什么？如果老板喜欢小报告，大家都打小报告，互相拆台，老板又爱听，导致组织内的员工之间的互信度下降，大家都把精力放到防内部人，而不把精力放到拓展业务方面了，如果老板是信任和宽容文化，大家都会互信和互宽容，形成公司内部的做人和做事的伦理文化，至关重要。

还有就是规则，尤其是企业的"绩效"规则。如果一个企业只重视能带来业绩的员工，而不重视那个"叠罗汉"中处于最下端的"螃蟹"，它一样会因一个小的错失就让大功告吹。很多企业建设的时候，只重视"现金业绩"，而不重视产生业绩的背后的内容，导致组织中的很多"螃蟹"没有被企业的绩效效应照顾到，他也会变得争取利益起来，而企业终究一无所成。

所以企业文化和绩效规则非常重要。大凡能够成功的公司在这两个方面都比较优秀，而能决定这两个要素的只有老板或者最高领导。

不过还有一点就是很多民营企业的老板一直在充当螃蟹"拉腿"的角色。员工谁能无错，但是如果老是对员工进行"钳制"，员工时不时被老板骂两句，还被指出来很多毛病，时间长了，一是小毛病深化成大缺点了，二是员工不敢和老板说真话，因为怕被骂。他的信心被老板骂掉了，即使有什么好的想法也统统保留。老板认为指出员工的缺点是在帮助他，但是也在倡导了一种指责文化，大家都喜欢互相指责。这比采取拉腿行动更加可怕。老板们都以"忠言逆耳利于行"来美化和解脱自己，然而扪心自问，自始至终逆耳的言语能有多少会被员工用来指导自己。

老板要改变自己的这一做法，要努力地欣赏自己的员工，同时也努力地让员工欣赏他们的老板，更要让员工学会彼此欣赏。这是防止"螃蟹效应"在企业呈病毒式传播的有效方法。

老板要告诫自己，不要让自己的成功欲望压过员工的成功欲望。在企业这条大船上，你只是站在一个比较好的位置——船头。

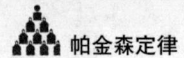

至于何时靠岸，借重的还是员工；老板要告诫员工，不是每个人在某一时刻都可以成为英雄，只有合理地将一只或者几只"螃蟹"送出竹篓，他或他们才能从外部扳倒竹篓让大家获得生存的机会。

# 第15章

## 马蝇效应：激励有道，"马蝇"变"骏马"

没有马蝇的叮咬刺激，马就慢慢腾腾地走走停停；而有了马蝇的叮咬刺激，马就跑得飞快。再懒惰的马，只要身上有马蝇叮咬，它也会精神抖擞，飞快奔跑。这就是管理学上著名的"马蝇效应"。

有正确的刺激，才会有正确的反应。刺激是潜力的催化剂，一个人只有被叮着咬着才不敢松懈，才会努力拼搏不断进步。领导者要针对不同的人，对症下药，用不同的方法去激励他。总之，要让"马"跑起来。

# 管好问题员工，把"马蝇"变"骏马"

"如果把马蝇看作是对组织的一种刺激，那么IBM公司确实也有很多这样的员工，因为IBM公司的核心理念之一就是'创新'。要创新，就必须要有这样的员工来经常刺激整个组织。"IBM华东区人力资源经理姜雅玲曾说过，"IBM不会简单地将这样的员工当作问题员工。"

"马蝇也要分两种，有的马蝇会传染疾病。"姜雅玲说，"个性化员工也要分两种，应区别对待。IBM每年都要与员工签订一份《员工行为准则》，其中包括遵纪守法、诚实、正直等。那些违反了行为准则的'马蝇'，会通过正当程序被IBM辞退。"

IBM一直宣称，它寻求的是最"合适"的员工。在"合适"这个标准中，除了工作能力强这个硬指标外，还包括更多的软指标，其中最为重要的是员工必须认同IBM的核心价值观，如成就客户、创新为上、诚信服务以及必胜心、执行能力、团队精神等。在认同IBM价值观的大前提下，那些个性化很强的员工都可以得到支持和培养。

有一个经典故事经常被管理界引用，这个故事来源于IBM商业魔戒三部曲之《小沃森传》中：

1947年，小沃森刚刚接手IBM销售副总裁。一天，一位中年人沮丧地来到他的办公室，提出辞职，因为他原来的导师柯克和小沃森是竞争对手，他确信小沃森主政后会把他挤垮。这位中年人就是曾任销售总经理的伯肯斯托克，才华横溢但一度受挫。没有想到，小沃森对他笑着说："如果你有才华，就可以在我的领导下展现出来，在任何人的领导下都可以，而不光是柯克！现在，如果你认为我不够公平，你可以辞职。但如果不是，你就应该留下来，因为这里有很多机会。"伯肯斯托克留下来了，并在后来为IBM立下了卓著功勋。小沃森说，"在柯克死后，留下他是我最正确的做法。"事实上，小沃森不仅挽留了伯肯斯托克，他还提拔了一批他并不喜欢但却有真才实学的人。

这个故事体现的精髓，后来构成了IBM企业文化的一个重要营养来源。

某种程度上说，企业组织类似于马群。而那些个性鲜明、我行我素，同时又能力超强、充满质疑和变革精神的员工，就是企业中的"马蝇"。

在一些组织中，他们被叫作"问题员工"，因为他们难于管理，伯肯斯托克就是IBM历史上一只很大、很厉害的"马蝇"。领导者的任务就在于做好这些"马蝇"员工的工作，通过循循善诱、耐心说服来开导、感化他们，将"马蝇"变成企业所需要的"骏马"。

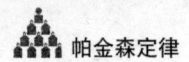
# 对"刺头"员工要讲究手腕

对于公司领导者来说，要想处理好冲突，首先必须了解公司中的"刺头"员工。这类人是引起冲突的根源，只有对他们进行充分的了解，才能够更好地解决冲突。我们可以将这些较为典型的"棘手"人物分为以下三类：

一是有背景的员工。这些员工的背景对领导者来说，是一个现实的威胁。"背景"就是他的资源，可能是政府要员，可能是公司的老板，也可能是你工作中某个具有重要意义的合作伙伴。这些背景资源不但赋予了这类员工特殊的身份，而且也为你平添了许多麻烦。这些员工在工作中常常展现他们的背景，为的是获得一些工作中的便利。即便是犯了错，某些"背景"可能使他们免受处罚。

二是有优势的员工。这些人往往是那些具有更高学历、更强能力、更独到技艺、更丰富经验的人。正因为他们具有一些其他员工无法比拟的优势，所以能够在工作中表现不俗，其优越感也因此得到进一步的彰显。这种优越感发展到一定的程度时，直接体现为高傲、自负以及野心勃勃。他们往往不屑于和同事们做交流和沟通，独立意识很强，协作精神不足，甚至故意无条件地使唤别人以显示自己的特殊性。

三是想跳槽的员工。他们显然是一些"身在曹营心在汉"的不安分分子，这些人往往是非常现实的家伙，他们多会选择"人往高处走"。如果仅此而已也就罢了，但偏偏有些人觉得，反正是要走的，不怕公司拿我怎么样，就干脆摆出一副"死猪不怕开水烫"的姿态，不把公司的制度和管理规范放在眼里。他们工作消极，态度恶劣，甚至为了以前工作中的积怨故意针对某些领导和同事挑起组织冲突，到最后人虽然走了，但留下的消极影响却很长时间无法消除。

领导者要区分不同的情况来对待以上三类"刺头"员工，千万不能采取贸然措施将三类员工全部炒掉，以保持组织的纯洁度。因为这样的结果肯定是你得到的是一个非常听话然而却平庸无比的团队，根本无从创造更高的管理绩效。

对那些有背景的员工来说，在工作能力上，这些人不一定比其他同事强，但是，他们的心理状况一般好于他人，做人做事方面更自信，加上背景方面的优势，更能发挥出水平。对待这种人，最好的办法是若即若离，保持一定的距离。如果在工作中有上佳表现，可以适当地进行褒奖，但一定要注意尺度，否则，这些人很容易恃宠而骄变得越来越骄横。

对于那些有优势的员工来说，他们并不畏惧更高的目标、更大的工作范畴、更有难度的任务，他们往往希望通过这些挑战来显示自己超人一等的能力以及在公司里无可替代的地位，以便为自己赢得更多的尊重。因此，领导者如果善于辞令，善于捕捉人的心理，就可以试着找他们谈谈心，做做思想工作。如果领导者并不善于辞令，那么就要注意行动。行动永远比语言更有说服力，在巧妙运用你的权力资本时，为这些高傲的家伙树立一个典范，让他们看看一个有权威的人是怎样处理问题、实现团队目标的。

对于那些想跳槽的员工，机会、权力与金钱是他们工作的主要动因。领导者在对这些员工进行管理的过程中要注意以下一些原则：一是不要为了留住某些人轻易做出很难实现的承诺，如果有承诺，一定要兑现；如果无法兑现，一定要给他们正面的说法。千万

不要在员工面前言而无信，那样只会为将来的动荡埋下隐患。二是及时发现员工的情绪波动，特别是那些业务骨干，一定要将安抚民心的工作做在前头。

# 对低绩效员工不能讲情面

绩效低的员工，是指那些屡犯错误、赶走客户、在企业组织中造成不满和士气低落等问题的员工。快速成长的公司对绩效低劣的员工尤其不能容忍，他们会削弱团队的实力，给潜在客户和商业伙伴留下不良印象，加剧对公司综合生产率的负面影响。作为领导者，必须采取措施及时纠正这种状况。

一位经理花了很大力气，才从某大公司挖来一名关键的信息系统专家。公司满腔热情地给他安排了工作，却很快发现他不能胜任。这位经理试图指导和帮助他，他的工作却没有起色。

其他同事来到这位经理面前，建议他采取行动，他却迟疑不决。此时，他知道自己雇错了人，但是由于负疚而迟迟没有动作。他告诉这位新员工，他将给他一些时间寻找新的工作。但是这位新员工的表现却越来越差，直到一位重要客户拂袖而去，其他员工也士气低落，这位经理才把他解雇。

在解雇员工时瞻前顾后，原因何在？许多企业领导者都像这位焦虑的经理一样，不忍心正视没有达到标准的工作绩效，更不用说毫无绩效的情况了。

领导者如果尽了最大的努力对员工进行指导，但他依旧置若罔闻；或者降低了工作期望值和标准，员工还是没能达到要求，这时就应该重新审视对这位员工的录用决定。很多领导者在三周或更短的时间内就意识到自己在录用员工上的错误，但通常在三个月之后才决定纠正这个错误。

领导者们犹豫不决的原因多种多样。例如：他们觉得承认错误是一件尴尬的事情；他们对错误的录用感到内疚，对解雇曾满怀期望的人于心不忍；他们对在录用员工的时候没有明确表达工作绩效的期望而感到遗憾；他们知道自己没有做好员工的绩效反馈和指导工作；他们不愿意再次经历昂贵耗时的程序找到合适的人员来替换。

对于领导者而言，这可能是一个痛苦的经历，但还是应该采取行动。

领导者在计划解雇一名员工之前，应问自己是否公平地对待过这个员工："我是否让他认识到自己绩效低劣的事实，并给予他改进的机会？"也就是说，是否采取过以下这些行动。

是否为这个员工确立明确的绩效期望值？这与员工绩效的管理水平有关。运用绩效管理技巧留住最佳员工的效果，取决于与他们建立伙伴关系的程度。这种伙伴关系是成年人之间建立共同协定的关系。

是否就这名员工的绩效没有达到目标向他做出具体的反馈？一项研究表明，在60%的公司中，因绩效产生问题的首要原因是上司对下属的绩效反馈做得不够或是没有做好。在针对79家公司的1000多名员工所作的一项调查中，经理人的反馈和指导技能一致被评为平庸。这些结果表明，很多经理人都是拙劣的导师，而他们的员工

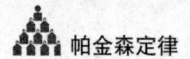

通常也能意识到这一点。

是否详细系统地记录该员工的绩效数据、事件、绩效反馈及改进评估的谈话结果，以及是否在上述评估谈话中使该员工认识到存在的问题并对如何解决问题达成一致？这取决于绩效讨论过程中的情况，让员工评估他们自己的绩效。如果员工承认问题，那么，问题的解决会顺利得多。如果员工否认问题，那就说明该员工对建设性的指导置若罔闻。

是否把给予这位员工一定的试用期或者改进绩效的最后期限，作为解雇前的最后手段？曾经有一位经理告诉他的一名员工，如果他在30天内仍然不能完成自己的工作项目就必须走人，结果该员工在期限内完成了任务。所以，要确保给予员工足够的改进时间。

是否寻找解雇之外的其他方法？自己犯了录用某位员工的错误，并不意味该员工不能有效地完成其他工作。该雇员不适合这项工作，可能是他绩效低劣的真正原因。因此，可以考虑重新评估该员工的才能、动力和兴趣。也许工作可以重新设计，也许在工作领域内有其他更能发挥该员工才能的工作。

如果你已经不止一次直言不讳地把工作绩效低劣的情况反馈给员工，指导他如何改进，为他确立具体的绩效目标，记录他未能改进绩效的情况，而且考虑过不解雇的解决方法，然而都无济于事，那么，最终选择是解雇他。

领导者无论出于何种原因解雇员工，都是一件令人忧虑和烦恼，却又不得已而为之的事情。令人烦恼的因素多种多样，如这位员工失去了生活来源，而且，这么做还会影响组织中的其他成员，包括最想留住的员工。

重要的是，时刻牢记目标：消除糟糕的表现和行为。在有效地惩戒员工或者采取纠正措施之前，经理必须表明真诚地关心他的成功。考核程序对事不对人，是基于"目标推动行为，结果维系行为"的原则。

# 像林肯一样重用"马蝇"员工

1860年，林肯当选为美国总统。一天，银行家巴恩到林肯的总统官邸拜访，正巧看见参议员萨蒙·蔡思从林肯的办公室走出来。

巴恩对林肯说："如果您要组阁的话，千万不要将此人选入您的内阁。"

"为什么？"林肯奇怪地问。

巴恩说："因为他是个自大成性的家伙，他甚至认为他比您伟大得多。"

林肯笑了："哦，除了他以外，您还知道有谁认为他比我伟大得多？"

巴恩回答道："不知道。不过，您为什么要这样问呢？"

林肯说："因为我想把他们全部选入我的内阁。"

事实证明，蔡思果然是个狂妄自大而且妒忌心极重的家伙。他狂热地追求最高领导权，想入主白宫，不料落败于林肯。想当国务卿，林肯却任命了西华德，无奈，只好当了林肯政府的财政部长。为此，蔡思一直激愤不已。不过，这人确实是个大能人，在财政预算与宏观调控方面很有一套。林肯一直十分器重他，并通过各种手

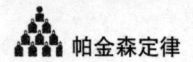

段尽量减少与他的冲突。

后来，目睹过蔡思种种行状并搜集了很多资料的《纽约时报》主编亨利·雷蒙顿拜访林肯的时候，特地告诉他蔡思正在狂热地谋求总统职位。

林肯以他一贯以来特有的幽默对雷蒙顿说："亨利，你不是在农村长大的吗？那你一定知道什么是马蝇了。有一次，我和我兄弟在肯塔基老家的农场里耕地，我吆马，他扶犁，偏偏那匹马很懒，老是磨洋工。但是，有一段时间它却在地里跑得飞快，我们差点都跟不上它。到了地头我才发现，有一只很大的马蝇叮在它的身上，于是我把马蝇打落在地。我兄弟问我为什么要打掉它，我告诉他，不忍心让马被咬。我的兄弟说：'哎呀，就是因为有那家伙，这匹马才跑得那么快。'"

然后，林肯意味深长地对雷蒙顿说："现在正好有一只名叫'总统欲'的马蝇叮着蔡思先生，那么，只要它能使蔡思那个部门不停地跑，我还不想打落它。"

林肯的胸襟和用人能力，使他成为美国历史上最伟大的总统之一。

作为一个领导者，最大的成就就在于构建并统帅一支由各种不同的专业知识及特殊技能的成员组成的、具有强大战斗力与高度协作精神的团队，不断挑战更高的工作目标，不断创造更好的绩效。为此，可能需要超越旁人的勤奋，需要更多的知识，需要更强的资源支持。更重要的是，还需要像林肯一样，善于运用自己的智慧，利用"马蝇效应"，把一些很难管理然而又是十分重要和关键的员工团结在一起，充分发挥他们的作用，不断为公司创造更大绩效。

# 竞争激励，激发员工主动展开竞赛

不服输的竞争心理人人都有，强弱则因人而异。即使一个人的竞争心很弱，但他的心中也总会潜伏着一份竞争意识。因为每个人都希望出人头地，其潜在心理都希望站在比别人更优越的地位上。对于"马蝇"员工也不例外。

从心理学上来说，这种潜在心理就是自我优越的欲望。有了这种欲望之后，人类才会积极成长，努力向前。当这种自我优越的欲望出现了特定的竞争对象时，其超越意识就会更加鲜明。

明白了这一点，领导者只要利用"马蝇"员工的这种心理，并为其设立一个竞争的对象，让其知道竞争对象的存在，就能够轻易地激发其工作热情，从而让其主动展开竞争，工作效率自然就会提高。

查尔斯·施瓦斯是美国著名的企业家，他管辖下的某个子公司的职工总是完不成定额。该公司经理几乎用尽了一切办法——劝说、训斥，甚至以解雇相威胁。但无论采用什么方法，都无济于事。也就是说，这些工人还是完不成定额。有鉴于此，施瓦斯决定亲自到该公司处理这件事。

施瓦斯在公司经理的陪同下到公司巡视。这时，正好是白班工人要下班、夜班工人要接班的时候。

施瓦斯问一位工人："你们今天炼了几炉钢？"

"5炉。"工人回答说。

施瓦斯听了工人的回答后，一句话也没说，拿起笔在公司的布告栏上写了一个"5"字，然后就离开了。

待夜班工人上班时，看到布告栏上的"5"字，感到很奇怪，

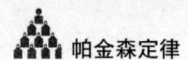 

不知道是什么意思，就去问门卫。门卫将施瓦斯来公司视察并写下"5"字的经过详细地讲述了一遍。

夜班工人们受到启发，激发了工作热情，比平时多炼出了1炉钢，下班后在布告栏上写下"6"字。

次日早晨，当白班工人看到布告栏上的"6"字后，心里很不服气：夜班工人并不比我们强，明明知道我们炼了5炉钢，还故意比我们多炼1炉，这不是明摆着给我们难堪，让我们下不了台吗？于是，大家劲儿往一处使，到晚上交班时，白班工人在布告栏上写下了"8"字。

智慧过人的施瓦斯用他无言的"挑拨"，激起了公司员工之间的竞争，最高的日产量竟然达到了16炉，是过去日产量的3.2倍。结果这个平日落后公司的产品产量很快超过了其他公司。

施瓦斯利用人们"好斗"的本性，成功激起了公司员工之间的竞争，不仅巧妙地解决了该厂完不成定额的难题，还使工人们处于自动自发的工作状态。

竞争意识是人们渴望认同、渴望卓越的心理体现。领导者要充分利用员工的这种竞争意识，有目的地为他们设立竞争目标，让他们与自己的内心设计相符，不断激发其自身潜能，让其为组织和企业作出更大的贡献。在具体实施时，可以参考如下做法：

### 1. 做好岗位备份，让员工时刻感到竞争的压力

给每个员工以公平竞争的机会，每个岗位都要有一个或多个备份，不能一个岗位只有一个人能做，让员工们时刻感受到竞争的压力，要想比竞争对手做得好，就要更加努力工作。

### 2. 向特殊员工暗示竞争对手的存在

如果某位员工身份特殊（比如有高层关系或裙带关系时），工

作不积极，却又不好直接给其设立竞争对象，不妨用言语暗示他，让他知道竞争对手的存在，从而激发该员工努力工作。比方说你只要告诉他："你和两个人中的一个，晋升是指日可待的。"这就等于对他暗示了竞争对手的存在，如果再不努力，晋升机会就会失之交臂。

### 3. 为需要激励的员工设立一个竞争对象

当竞争对象不容易找到时，企业领导者不妨设一个竞争对象，让企业员工彼此竞争。比如跨部门设立，或寻找同岗位的兼职等。

### 4. 引入外来竞争对象

如果员工不思进取，而该部门的效益又不错，就果断地招聘新员工，为其设立竞争对手。如果员工在有新的竞争对象后依然不思进取，留之无益，不如辞退。

### 5. 用裁员威胁逼迫员工主动展开竞争

对于经营状况不理想而员工又不愿努力工作的部门，不妨向他们挑明公司裁员的打算，让他们主动展开竞争。在使用这一策略时，企业领导者需要根据公司实际情况谨慎为之，不可草率行事。

# 危机激励，点燃员工的工作激情

在中文里，"危机"是由两个词组成的，第一个是危险；第二个是机会。

实践证明，危机作为一种压力，将促使员工发挥他们全部的积

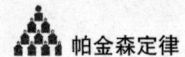

极性和创造性解决领导者交给他的问题，而且随着其处理复杂事物能力的提高，给他更多的自信，鞭策他不断地用他的积极性做好工作。所以，领导者若想有效鞭策"马蝇"员工，开发其积极性和创造性，最好的方式之一是给予他们"危机"，激起他们的勇气。

对于那些安于现状、不求上进的"马蝇"员工来说，"危机"的挑战是最强有力的激励力量。"危机"将提醒他们：原地踏步一定会被击垮、淘汰的。

作为企业的领导者，你要不断地向"马蝇"员工灌输危机观念，让他们明白企业生存环境的艰难，以及由此可能对他们的工作、生活带来的不利影响。这样就能激励他们自动自发地努力工作。

在市场经济大潮中，企业的生存环境瞬息万变，自身资源状况也在不断变化之中，企业发展的道路因此充满危机。

正因为这样，华为集团总裁任正非才会警告员工："华为的冬天很快就要来临！"惠普公司原董事长兼首席执行官普拉特才会说："过去的辉煌只属于过去而非将来。"企业老总们对危机的感受是深刻的，但一般员工却未必能感受到，特别是那些不求上进的"马蝇"员工。很多"马蝇"员工都容易滋生享乐思想，他们认为自己收入稳定，便会高枕无忧，工作热情也会日渐衰退。因此，领导者有必要向"马蝇"员工灌输危机观念，刺激他们树立危机意识，重燃员工的工作激情。

今天，随着市场化进程的加快，各个行业的竞争都异常激烈，各个企业间更新、淘汰的速度也越来越快，呈现出了各种各样让人眼花缭乱的景象。正当一些原先名气非常大的企业逐渐衰败之际，很多名不见经传的中小企业却如日中天，光彩耀人。从某种程度上说，市场竞争其实就是一场只许前进不许后退的残酷竞赛。危机意识其实就是一种强烈的生存意识，作为一名企业员工，如果你不积极进取，不能认识到当前惨烈的竞争形势，那么你注定要被企业所淘汰。

激励专家认为，通过以下措施，可以有效地树立员工的危机意识：

### 1. 向员工灌输企业前途危机意识

企业领导要告诉员工，企业已经取得的成绩都只是历史，在竞争激励的市场中，企业随时都有被淘汰的危险。要想规避这种危险，道路只有一条，那就是全体员工都努力工作，才能使企业更加强大，从而立于不败之地。

### 2. 向员工灌输个人前途危机意识

企业的危机和员工的危机是连在一起的，所以所有员工都要树立"人人自危"的危机意识，无论是公司领导班子还是普通员工，都应该时刻具有危机感。告诉员工"今天工作不努力，明天就得努力找工作"。如果员工在这方面达成共识，那么他们就会主动营造出一种积极向上的工作氛围。

### 3. 向员工灌输企业的产品危机意识

企业领导要让员工们明白这样一个道理：能够生产同样产品的企业比比皆是，要想让消费者对企业的产品情有独钟，产品就必须有自己的特色，这种特色就在于可以提供给顾客的是别人无法提供的特殊价值的能力，即"人无我有，人有我优，人优我特"。

危机激励犹如一个人在森林中被猛兽追赶，他必须以超出平日的速度向前奔跑。对他来说，后面是死的危险，而前方则是生的机会。

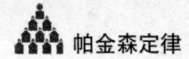

　　总之，企业领导者唯有不断地向"马蝇"员工灌输危机观念，让他们明白企业生存环境、企业要面对的问题及可能产生的不利影响，告知这种影响与他们的切身利益密切相关。如此一来，"马蝇"员工们便会受到激励，会更加努力地工作，成为一匹匹飞跑的"骏马"。

# 第16章
## 路径-目标理论：预期决定结果，愿景导航未来

路径-目标理论由加拿大多伦多大学的组织行为学教授罗伯特·豪斯最先提出，后来美国华盛顿大学的管理学教授特伦斯·米切尔也参与了这一理论的完善和补充。目前已经成为当今最受人们关注的领导观点之一。

该理论认为，领导者的工作是帮助下属达到他们的目标，并提供必要的指导和支持以确保各自的目标与群体或组织的总体目标相一致。"路径-目标"的概念来自这种信念，即有效领导者通过明确指明实现工作目标的途径来帮助下属，并为下属清理各项障碍和危险，从而使下属的这一履行更为容易。

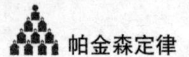

# 路径–目标理论的五个构成要素

路径–目标理论同以前的各种领导理论的最大区别在于，它立足于部下，而不是立足于领导者。在豪斯眼里，领导者的基本任务就是发挥部下的作用，而要发挥部下的作用，就得帮助部下设定目标，把握目标的价值，支持并帮助部下实现目标。在实现目标的过程中提高部下的能力，使部下得到满足。

豪斯在路径–目标理论中指出，领导者的工作是利用结构、支持和报酬，建立有助于员工实现组织目标的工作路径。这里涉及两个主要概念：建立目标方向；改善通向目标的路径以确保目标实现。

其内容包括以下五个方面：

## 1. 领导过程

路径–目标的领导过程如下：领导者确认员工的需要，提供合适的目标，通过明确期望与目标的关系，将实现目标与报酬联系起来；消除绩效的障碍，并且给予员工一定的指导。该过程的期望结果包括工作满意、认可领导和更强的动机。这些将在有效的绩效和目标实现中得到反映。

## 2. 目标设置

目标设置是取得成功绩效的标的，它可以用来检测个体和群体完成绩效标准的情况。群体成员需要感觉到他们的目标是有价值的，并且可以在现有的资源和领导下达到该目标。如果没有共同目标，不同的成员会走向不同的方向。

### 3. 路径改善

领导者在决定顺利实现目标的路径之前，还需要了解一些权变因素和可供选择的领导方案，特别是必须权衡确定对两类支持的需要。

第一类是任务支持，领导者必须帮助员工组合资源、预算以及其他有助于完成任务的因素，消除有碍员工绩效的环境限制，表现出积极的影响，并且对有效的努力和绩效给予及时认可；第二类是心理支持，领导者必须刺激员工乐于从事工作。

### 4. 领导风格

按照路径-目标理论，领导者的行为被下属接受的程度取决于下属是将这种行为视为获得满足的即时源泉还是作为未来获得满足的手段。领导者行为的激励作用，在于它使下属的需要和满足与有效的工作绩效联系在一起，并提供了有效的工作绩效所必需的辅导、指导、支持和奖励。为此，豪斯区分了四种领导风格：指导型领导、支持型领导、参与型领导、成就取向型领导。

### 5. 环境因素

路径-目标理论提出了两类情境作为领导行为与结果之间关系的中间变量，它们是下属控制范围之外的环境（任务结构、正式权力系统以及工作群体）以及下属个性特点中的一部分（控制点、经验和感知能力）。要想使下属的产出最多，环境因素决定了作为补充所要求的领导行为类型，而下属个性特点决定了对环境和领导者行为作出何种解释。在工作环境中，领导者必须确认员工的任务

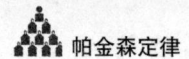

是否已经结构化了；正式权力系统是否最适合于指挥型或参与型领导，以及现在的工作群体是否满足了员工的社会和尊重需要。

路径-目标理论证明：当领导者弥补了员工或工作环境方面的不足，就会对员工的绩效和满意度起到积极的影响。但是，当任务本身十分明确或员工有能力和经验处理它们而无须干预时，如果领导者还要花费时间解释工作任务，则下属会把这种指导型行为视为累赘多余甚至是侵犯。

# 因人而异设路径，领导方式要有权变性

按照豪斯的概括，领导人的职能，具体表现为六个方面：

（1）唤起员工对成果的需要和期望。

（2）对完成工作目标的员工增加报酬，兑现承诺。

（3）通过教育、培训、指导，提高员工实现目标的能力。

（4）帮助员工寻找达成目标的路径。

（5）排除员工前进路径上的障碍。

（6）增加员工获得个人满足感的机会，而这种满足又以工作绩效为基础。

要实现这种以部下为核心的领导活动，必须考虑部下的具体情况。显然，现实中的部下是千差万别的。员工的差异主要表现在两个方面：一是员工的个人特质，二是员工需要面对的环境因素。就员工的个人特质而言，新手和老手不一样，技术高低不一样，责任心的强度不一样，甚至年龄大小、任职时间长短，都会产生不同的反应。

仅以性格差异为例，内向型的员工，更易于接受参与式领导，而对指示式领导有所抵触；而外向型员工，则更易于接受指示式领导，却不大适应参与式。如果一个人对自己的能力估计过高，那他就会抵触指令；而如果一个人对自己的能力估计过低，那他就会害怕授权。

就员工面对的环境因素而言，不同企业、不同岗位的工作任务不一样，企业组织的权力系统不一样，基层的工作群体不一样。如果是明确清晰的工作任务，有效得力的权力系统，友好合作的工作群体，那么，强化控制明显属于多事，还会伤害员工的满足感；而如果情况相反，放松管制就会出现偏差，同样会招来员工的抱怨。单纯以工作任务而论，如果完成任务不能使员工得到满足，那么领导人越加强规章制度，越施加任务压力，员工的反感就越大。所以，路径-目标理论强调，领导方式要有权变性。

# 四种领导情境中的路径目标设定

按照路径-目标理论，领导者的行为被下属接受的程度，取决于下属是将这种行为视为获得满足的即时源泉，还是作为未来获得满足的手段。领导者行为的激励作用在于：

（1）它使下属的需要满足与有效的工作绩效联系在一起。

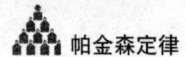

（2）它提供了有效的工作绩效所必需的辅导、指导、支持和奖励。

为了考察这些方面，豪斯确定了四种领导行为：

### 1. 指导型领导

领导者对下属需要完成的任务进行说明，包括对他们有什么希望，如何完成任务，完成任务的时间限制，等等。指导性领导者能为下属制定出明确的工作标准，并将规章制度向下属讲得清清楚楚。指导不厌其详，规定不厌其细。

### 2. 支持型领导

领导者对下属的态度是友好的、可接近的，他们关注下属的福利和需要，平等地对待下属，尊重下属的地位，能够对下属表现出充分的关心和理解，在部下有需要时能够真诚帮助。

### 3. 参与型领导

领导者邀请下属一起参与决策。参与性领导者能同下属一道进行工作探讨，征求他们的想法和意见，将他们的建议融入团体或组织将要执行的那些决策中去。

### 4. 成就取向型领导

领导者鼓励下属将工作做到尽量高的水平。这种领导者为下属制定的工作标准很高，寻求工作的不断改进。除了对下属期望很高外，成就导向性领导者还非常信任下属有能力制定并完成具有挑战性的目标。在现实中究竟采用哪种领导方式，要根据部下特性、环境变量、领导活动结果的不同因素，以权变观念求得同领导方式的恰当配合。

豪斯主张领导方式的可变性。他认为，领导方式是有弹性的，这四种领导方式可能在同一个领导者身上出现，因为领导者可以根据不同的情况斟酌选择，在实践中采用最适合于下属特征和工作需要的领导风格。豪斯强调，领导者的责任就是根据不同的环境因素来选择不同的领导方式。如果强行用某一种领导方式在所有环境条件下实施领导行为，必然会导致领导活动的失败。

如果下属是教条的和权力主义的，任务是不明确的，组织的规章和程序是不清晰的，那么，指导型领导方式最适合。

对于结构层次清晰、令人不满意或者是令人感到灰心的工作，领导者应该使用支持型方式。当下属从事于机械重复性的和没有挑战性的工作时，支持型方式能够为下属提供工作本身所缺少的"营养"。

当任务不明确时，参与型领导效果最佳，因为参与活动可以澄清达到目标的路径，帮助下属懂得通过什么路径和实现什么目标。另外，如果下属具有独立性，具有强烈的控制欲，参与型领导方式也具有积极影响，因为这种下属喜欢参与决策和工作建构。

如果组织要求下属履行模棱两可的任务，成就导向型领导方式效果最好。在这种情境中，激发挑战性和设置高标准的领导者，能够提高下属对自己有能力达到目标的自信心。事实上，成就导向型领导可以帮助下属感到他们的努力将会导致有效的成果。

## 唤起员工对集体目标和愿景的认同

随着时代的发展，豪斯也没有固守着路径－目标理论而止步不

前。20世纪90年代中期，豪斯和他的同事们根据多年的实证研究，在路径-目标理论的基础上，综合了领导特质理论、领导行为理论以及权变理论的特点，以组织愿景替换并充实原来的路径-目标，围绕着价值这个核心概念，阐述了什么样的行为能有效地帮助领导者形成组织的共同价值以及这些行为的实施条件，提出了以价值为基础的领导理论。

以价值为基础的领导理论认为：员工对领导者所信奉的、并已融入企业文化中的价值的共享和认同程度越高，领导行为就越有效。也就是说，持有明确价值观的领导者，通过明确表达愿景，向组织和工作注入自己的价值观，使之与员工所持有的价值观和情感发生共鸣，从而唤起员工对集体目标和集体愿景的认同，并导致员工自我价值的提高，进而更好地提高领导行为的有效性。

以价值为基础的领导理论还认为，有一系列行为对于形成组织的共同价值非常有效。组织成员在对领导者所信奉的价值观产生强烈认同并内化为自身的价值观后，将得到强烈的激励效果，这些行为被称为以价值为基础的领导行为。它包括：清楚地表达组织愿景；向员工展示领导者自己的良好素质，领导者自己对愿景的不懈追求和牺牲精神；传达对员工的高档次期望，表达对他人的高度信心；树立追求组织愿景的个人榜样；用智慧的手段将富有创造性的人团结在自己周围。

以价值为基础的领导理论强调价值观念的感召作用，这种感召能够不断吸引有能力的人加入组织。在一个有着强烈的共同价值的组织中，即使有困难出现，人们也会为了共同的价值而同甘共苦，一起渡过难关。大量的实证研究表明，领导者采用以价值为基础的领导行为，将会对下属产生巨大的影响和积极的效果。当下属对领导者所信奉和倡导的价值观达到认同后，这种认同会逐渐内化成为自身价值的一部分，成为其为人处事的相关原则。

这种激励效果比采用简单的物质奖励、地位提升或惩罚更加持久和有效。以价值为本的领导行为，能使组织成员自觉地朝着共同价值指引的方向去努力，而且成员之间为了实现共同价值会加强沟通，这样就容易形成一种氛围。与共同价值取向相一致的行为会得到大家的赞许和认同，能为组织做贡献将被视为个人自我价值提升的一种表现。这种组织将是克服了组织与个人对立状态、取得和谐共生的组织。

值得注意的是，组织成员达成价值共识，意味着组织中的技术创新、组织变革会更加容易被接受。所以，以共同价值为基础的领导行为，能使组织成员更加适应环境的变化。

# 以共同愿景感召员工为组织目标奋斗

在实行目标激励的时候，要求企业领导者能够将大家所期待的未来着上鲜艳的色彩，同时也要对实现目标的过程进行规划。在实施激励的过程中，应该避免只是空谈目标、在日常工作中将其弃之一边的情形发生。若要把企业目标真正地建立起来，就要将崇高远大的情感传达到员工那里，并从员工那里得到发自内心的回应，使员工真心诚意地投入到工作中去。

在激励过程中最重要的是重视灌输目标的整个过程，这需要

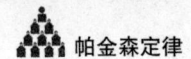

企业上下开诚布公地全面参与，使员工自觉将个人理想与企业目标联系起来。

企业提出明确的目标，并由领导者有效地与员工进行沟通和传达，让每一个员工都明白自己所做的工作，这对于实现企业的目标具有极其重要的作用。要以明确的奋斗目标来激发员工的斗志，并让员工把个人目标和企业目标良好地结合起来，从而增强员工的责任感和主动意识，让每一个员工都为同一目标而不断努力奋斗。

在企业组织中，每个员工都或多或少地有所期望，但这种期望并没有形成一种动力，就如同每个人都希望拥有漂亮的房子但却没有设计蓝图一样。因此，成功的领导者就是要发掘员工的期望，并把这种共同的期望变成具体的目标，一旦这个具体的目标或理想生动鲜明地体现出来，员工就会从思想上产生一种共鸣，就会毫不犹豫地追随领导者。形象地说，领导者利用明确而具体的目标激励员工，就是充当一个"建筑师"的角色。"建筑师"把自己的想法具体地表现在蓝图上，让"建筑"的形象生动鲜明地体现出来，以此激发员工为之努力工作。

当然，即使有行动的蓝图，如果没有清楚地规划实现的过程，也无法使大家产生信心。因此，规划愿景的同时，还必须规划出实现愿景的具体步骤。这是一个必经的过程，指的就是从现在到实现目标所采取的方法、手段及必经之路。

我们可以将目标的实现分成若干阶段，这样既不至于使目标太大，难以激起员工的兴趣，也不至于使目标太小，让员工觉得没有意义。

要让员工和企业有一个共同目标。在成功企业中，通常用塑造一个共同目标、创造共同的价值理念来激励员工。

美国电报电话公司前总裁鲍伯·艾伦发现，该公司过去的想法和做法都像是受保护的公用事业，必须改变，而且是在行业动荡不安时进行改变。公司的规划部门为关键性的战略任务提出一个定义，也就是让现有的网络承载更多的功能，开发新产品，从而符合新兴信息事业的需求。艾伦决定不用这样理性和分析性的名词来谈公司的目标。他也不谈论以扩张竞争态势为重点的战略意图。他选择了非常人性化的名词，他说："公司致力于让人类欢聚一堂，让他们很容易互相联系，让他们很容易接触到需要的信息——随时、随地。"这个陈述表达了公司的目标。但他用的都是非常简单而人性化的语言，使人人都能理解。重要的是，员工能对这样的任务产生共鸣并以此为骄傲。

明确的企业目标是正当可行的，它不是公关惯用的华丽辞藻，也不是鼓舞士气的夸大宣传。所以，领导者对定义恰当的目标应作出具体的承诺。

美国康宁公司总裁哈夫顿曾委派公司最能干、最受尊敬的资深经理人负责康宁公司的品质管理。尽管经历了一次严重的财务紧张，哈夫顿还是拨出500万美元，创立了一个新的品质管理学院，用以实施康宁公司大规模的教育和组织发展计划。他还承诺将每个员工的训练时间提高到占工作时间的5%。康宁公司的品质管理计划很快就达到了哈夫顿的目标。正如一位高层经理所说："它不只改善了品质，更为员工找回了自尊和自信。"

总之，让企业上下都愿意为企业目标奉献力量，并让这样的努力持之以恒，应该是领导者追求的目标。